Christa Meves · Europa darf nicht untergehen

Christa Meves

Europa darf nicht untergehen

Unsere Verantwortung für die Zukunft

Verlag: Kultur in die Familie

Biographische Notizen

Christa Meves, geboren 1925, Studium der Germanistik, Geographie und Philosophie an den Universitäten Breslau und Kiel, Staatsexamen in Hamburg, dort zusätzliches Studium der Psychologie, Fachausbildung im Psychotherapeutischen Institut in Hannover und Göttingen. Freipraktizierende Kinder- und Jugendpsychotherapeutin in Uelzen. Arztfrau und Mutter zweier Töchter, 6 Enkel.
1974 Wilhelm Bölsche Medaille, 1976 Prix AMADE, 1978 Niedersächsischer Verdienstorden. 1979 Konrad-Adenauer Preis der Deutschlandstiftung. 1985 Bundesverdienstkreuz erster Klasse.
1987 Konversion zum katholischen Glauben.
70 Buchpublikationen, Übersetzungen in 11 Sprachen. Gesamtauflage: 4 Millionen Exemplare.

Gesamtherstellung: Landesverlag Druckservice Linz

ISBN 3-900891-27-3

Inhalt

Vorwort zu den ersten sechs Auflagen

Von der Sorge um unsere Zukunft, die mich in die Öffentlichkeitsarbeit brachte, ist in den fünf ausgewählten Vorträgen die Rede. Sie wurden zu verschiedenen Anlässen gehalten.
Die Bitten um Veröffentlichung der Reden waren so umfangreich, daß ich mich entschloß, sie gebündelt zu publizieren, um den Wünschen meiner Zuhörer gerecht zu werden und um vielleicht noch mehr Menschen wachzurütteln und zu bewußter Aktivität zu bewegen.
Dieses mein Mühen um das Erkennen der psychischen Gefahren und ihrer Ursachen hat wider alles Erwarten eine Mitwirkung gehabt. Die scheuklappenartige Egozentrik und Lethargie der Bundesbürger der sechziger Jahre, die sich wenig um die Belange jenseits des eigenen Zaunes kümmerten, hat sich erfreulicherweise zu einer wachen Bereitschaft, zu hellhöriger Abwehr gewandelt. Der nachdenkliche Mensch sieht, daß wir an unsere Grenzen gestoßen sind, er erkennt die Gefahr; er erfährt an den vielen Nöten in seiner Umwelt, daß Besinnung und Kurskorrektur nötig sind.
Dieses Buch möchte dazu beitragen, diesem Keim der Hoffnung zu mehr Leben zu verhelfen – denn:
„Wo Gefahr ist,
wächst das Rettende auch.“

Christa Meves

Vorwort zur 7. Auflage

Rückblickend stelle ich fest, daß der Inhalt dieses Buches als prophetisch eingestuft werden muß; denn die vorhergesagte Entwicklung ist zum größten Teil eingetroffen.

Die aufgezeigten Probleme werden immer dramatischer und verlangen von jedem christlichen Leser den Einsatz aller Kräfte: Gebet, Buße, Sühne und den Geist der Umkehr zu Gott als Mitte unseres Lebens.

Wenn Gott sieht, daß wir bestrebt sind umzukehren, wird er sich unser erbarmen.

Die ersten 6 Auflagen dieses Buches wurden unter dem Titel „Ninive darf nicht untergehen“ im Verlag „Weißes Kreuz“, Kassel, herausgebracht.

Karl Gruber
Kultur in die Familie

Ninive darf nicht untergehen

Vortrag, gehalten 1973 in Kiel

Meine Ansprache hier in Ihrer Kirche soll unter einem Wort aus dem Propheten Jona stehen. Dort heißt es im dritten Kapitel:

„Es erging das Wort Jahwes an Jona zum zweiten Male also: ‚Steh auf und geh nach Ninive, der großen Stadt, und halte ihr die Predigt, die ich dir auftragen werde.' Und Jona machte sich auf und ging nach Ninive, wie Jahwe ihm aufgetragen hatte. Ninive aber war eine große Stadt vor Gott, drei Tage brauchte man, um sie zu durchwandern. Jona ging eine Tagereise weit in die Stadt hinein und predigte und sprach: ‚Noch vierzig Tage, und Ninive wird zerstört werden'.

Die Männer von Ninive aber glaubten Gott und riefen ein Fasten aus und zogen Bußgewänder an, groß und klein. Und die Kunde davon drang bis zum König von Ninive, und er erhob sich von seinem Thron, legte seinen Mantel ab, hüllte sich in den Sack und setzte sich in die Asche. Und er ließ in Ninive ausrufen und gebot: ‚Auf Befehl des Königs und seiner Großen! Menschen und Tiere, Rinder und Schafe sollen nicht das geringste genießen, nicht auf die Weide gehen und kein Wasser trinken! Man soll sich vielmehr in den Sack hüllen, und sie sollen mit Macht zu Gott rufen, und ein jeder soll sich bekehren von seinem bösen Tun und von dem Unrecht, das an seinen Händen ist! Vielleicht, daß Gott es sich wieder gereuen läßt und von seinem Zorn abläßt, daß wir nicht zugrunde gehen.'

Als nun Gott sah, was sie taten, daß sie von ihrem

bösen Tun sich abkehrten, da reute ihn das Böse, das er ihnen zu tun angedroht hatte, und er tat es nicht.“

Ninive, die große reiche Stadt, war also reif zum Untergang gewesen, als Gott sich ihrer erbarmte, und zwar: weil ihre Menschen Buße taten. Eine Geschichte aus der Vergangenheit, eine Geschichte aus dem Alten Testament dazu – kann sie für uns heute noch gelten, uns für unsere Zeit zu irgendeiner Erkenntnis verhelfen? Bußpredigten sind unmodern geworden, sie sind so scheußlich unbequem; und unsere liebevollen Seelsorger sind sich ihrer eigenen menschlichen Schwächen bescheidener- und ehrlicherweise so bewußt geworden, daß es ihnen in zunehmendem Maße schwerer fällt, etwas zu predigen, das wie eine moralinsaure Anklage anderer, das wie ein Angstmachen vor göttlicher Strafe, wie ein Bangemachen vor dem Jüngsten Gericht aussehen könnte. Oft sogar wird die Meinung vertreten: Die Bußbedürftigkeit, die die Propheten im Alten Testament aufzeigen, sei lediglich die Folge eines noch primitiven Bildes von Gott, das Bild des harten, unerbittlichen, des autoritär absolute Unterwerfung fordernden Gottes. Buße sei nach Jesus Christus, der uns den liebenden Vater einsichtig gemacht habe, kaum noch nötig, weil Gott ohnehin der sei, der den Sündern vergebe, seit Christus sich zu ihrem Anwalt gemacht habe.

Diese Vorstellung erweist sich bei näherem Zusehen aber nur als bedingt richtig; sie bezieht sich auf die vielen Verfehlungen, die Nachlässigkeiten, die Trägheiten des Herzens, die wir schamvollerweise täglich vollziehen. Aber auch im Neuen Testament, am deutlichsten in den Offenbarungen des Johannes, ist unmißverständlich nachzulesen, daß diese General-

absolution ausbleibt, ja, daß Untergang und Verdammnis dort drohen, wo der Mensch die Treue bricht und sich in hochmütiger Eigenmächtigkeit selbst zum Schöpfer ernennt.
Und stehen wir nicht – heute ganz besonders – hart an einem solchen Abgrund? Gibt es nicht eine riesige Fülle von Zeichen dafür, daß wir gerade durch diese Eigenmächtigkeit in zunehmende Not geraten, die uns die Notwendigkeit zur Umkehr zwingend signalisiert?

Wie sie sich in einem kleinen Teilbereich, im Bereich meines Faches, der Psychagogik, zeigt, will ich versuchen darzustellen.
Unsere Not heute zeigt sich hier nicht als Hungersnot, Seuche oder Krieg, und dennoch ist auch sie so allgemein, ist sie eine so verstörende kollektive Angelegenheit, daß sie die Mehrzahl der Menschen bereits täglich und stündlich zu schwer Leidenden macht.
Ich meine jene Nöte, die, oft die Familien in ihren Fundamenten zerrüttend, durch die Erziehungsschwierigkeiten mit den Jugendlichen, aber auch von Jahrgang zu Jahrgang zunehmend bereits mit den Kindern entstehen. Diese Schwierigkeiten sind heute – ganz anders als früher – von einer penetrant lärmenden Art; sie sind nicht nur, wie üblich, mal ein wenig Unbotmäßigkeit, mal ein wenig Faulheit, mal ein wenig üble Angewohnheit. Nein, das Gros der Störungen heute läßt die Eltern am Sinn all ihrer Mühe zweifeln, zieht sie in den Sog der Depression, weil ihre Kinder ihnen demonstrieren, daß ihre erzieherischen Bemühungen gänzlich ergebnislos waren.
Die einen müssen erleben, daß ihr Junge in die Rauschgiftsucht fällt und nach jahrelangem Terror zu Hause schließlich an einer Überdosis des Giftes

stirbt; die anderen werden mit dem Schrecken konfrontiert, daß ihr Kind die Tür des Hauses auf Nimmerwiedersehen zuwirft und, ohne je wieder etwas von sich hören zu lassen, in einem Gammlertrupp untertaucht. Viele schrecken mit einer Vorladung zu einer Gerichtsverhandlung gegen Sohn oder Tochter aus der süßen Illusion auf, daß bei ihnen selbst doch noch alles in bester Ordnung sei; und ein Heer von Vätern und Müttern kämpft heute einen sinnlos zermürbenden Kampf gegen die Unordentlichkeit, die Trägheit, den rücksichtslosen Lärm aus der Röhre oder die lebensverkürzende Nikotinsucht ihrer Zöglinge. Manche Erwachsene werden bereits jahraus, jahrein mit Sprech- und Kontaktverweigerung und der eisigen Verachtung ihrer eigenen Kinder bestraft. Anderen wird durch die verwöhnten Ansprüche der Jugendlichen das letzte Hemd vom Leibe gezogen oder gar die Habe geraubt und zerstört. Ich habe jüngst in meiner Praxis erlebt, daß ein Jugendlicher in Abwesenheit der Eltern einen Schrank aufbrach, eine Münzensammlung stahl und sie versetzte; ein anderer setzte mit Hilfe mehrerer auf einmal entzündeter Streichholzpakete die Küche des Hauses in Brand, ein dritter warf seine querschnittgelähmte Mutter vom Sessel und brach ihr den Arm, weil sie ihm die Kognakflasche fortgenommen hatte, der er schon im Unmaß zugesprochen hatte. Ein Mädchen aus allerbestem Hause lud, wenn die Eltern abends fortgingen, eine Schar von Gleichaltrigen ein und weidete sich am Entsetzen der Heimkehrenden über eine Wohnung, die deutlich alle Kennzeichen wüster sexueller Orgien – selbst in den Ehebetten – aufwies.

Ich kann von meiner Praxis her jedenfalls ein Lied davon singen, daß viele Menschen in einem Leid leben, das von manchen schlimmer als Folter und

Aussatz empfunden wird. Eltern junger Kinder, die noch nicht zur Schule gehen, sehen häufig voller Verachtung auf diese Not – sie sind doch so fleißig und so ordentlich, sie sorgen für ihre Kinder und meinen, daß ihnen dergleichen niemals passieren könne. Sie wohnen nicht in einem Obdachlosenasyl; sie brauchen, weil sie sich das Häuschen im Grünen und ein Auto erarbeitet haben, nicht in einem Hochhaus, nicht in einer Mietskaserne zu wohnen, und sie meinen, sich damit einen Freipaß für die seelisch gesunde Entwicklung ihrer Kinder erkauft zu haben. Aber auch das erweist sich als Illusion. Wohlstand schützt weder vor neurotischer Verwahrlosung, noch vor Rauschgiftsucht, noch vor Selbstmord. Im Gegenteil: Die Statistiken zeigen, daß die meisten Selbstmorde von wohlhabenden, ja von reichen Leuten begangen werden. Die Not unserer Zeit ist kein Schichtenproblem.

Ein Beispiel aus der Praxis soll diesen Sachverhalt noch ein wenig konkretisieren:
Der achtzehnjährige Studienratssohn Michael ist seit einem Jahr rauschgiftsüchtig. Er hat zunächst in einem Kreis von Kumpeln mit Haschisch angefangen und ist jetzt LSD-abhängig. Er handelt mit Hasch und verdient sich auf diese Weise das Geld für die Trips. Michael sucht mich auf Drängen der Eltern auf, weil er eine Berufsberatung wünscht. Er möchte Sozialarbeiter werden. Ansätze zu mehreren anderen Berufen (Buchhändler, Bauingenieur, Postbeamter) sind bereits gemacht worden, aber regelmäßig daran gescheitert, daß Michael es nicht schafft, bei einer Arbeit auszuharren. Diese Schwierigkeit besteht keineswegs erst seit seiner Drogenabhängigkeit, sie war im Gegenteil schon immer die Crux des Jungen. Zwar

besitzt er einen Realschulabschluß – diesen verdankt er aber weitgehend dem Einfluß der Pädagogeneltern auf ihre Kollegen, die immer wieder mit dem Jungen Gnade walten ließen; denn bereits als Schulkind war Michael zum Arbeiten nicht zu bewegen. Seine Schulleistungen waren von Anfang an immer unter dem Durchschnitt, obgleich die Lehrer einhellig aussagten, daß die Antworten im Unterricht und gelegentlich ein blitzartiges Aufleuchten seines Intellekts bewiesen, daß er nicht dumm sei.

Aber diese „Faulheit", die zum Wechseln von Klassen und Schulen geführt hatte, war im Grunde auch bereits vor der Einschulung vorhanden gewesen. Die Eltern erinnern sich, daß der Junge als Kleinkind keine Lust zum Spielen gehabt habe, ja daß er sogar eßfaul gewesen sei. Noch bis ins Schulalter hinein habe er Brot stundenlang im Munde herummümmeln können, weil er sich selbst zum Kauen nicht habe entschließen können. Hingegen habe er einen riesigen Konsum an Trinkbarem, zuerst von Brause, schließlich ab zwölf Jahren aber auch schon von Bier gehabt, ab dreizehn sei er zigarettensüchtig geworden. Interessanterweise berichten die Eltern, daß Michael erst mit etwa sieben Jahren bettrein geworden sei und daß er seit dieser Zeit dazu neige, immer einmal wieder Geld zu stehlen, obgleich er viel Taschengeld bekommen habe; aber er könne mit Geld grundsätzlich nicht haushalten.

Wie sieht der Lebensstil des Elternhauses aus? Keineswegs ungepflegt und keineswegs übergepflegt, keineswegs überstreng, keineswegs intolerant. Michael hat drei ältere Geschwister, die studiert haben und mit ihrer Berufsausbildung bereits fertig sind. Alle Geschwister haben eine locker-gelöste, aber doch positive Beziehung zu den Eltern sowie

zueinander. Keine enge Wohnung, kein Großstadtsmog, keine veraltete, enge, tabuierende Pädagogik – was machte Michael krank? Denn daß er das bereits war, als er in die Schule kam, zeigten das Bettnässen, die Trinksucht, die Passivität des Kindes.
Dennoch ergab sich bei näherem Hinsehen, daß Michaels Situation in seiner ersten Lebenszeit sich von der seiner Geschwister weitgehend unterschied. Michaels Mutter war Studienrätin und gerade – ihr damals jüngstes Kind wurde eben eingeschult – wieder berufstätig geworden, als eine neue Schwangerschaft eintrat. Es gelang ihr nicht, sich innerlich mit dieser Situation abzufinden; zu sehr durchkreuzte das ihre eigenen Pläne. So blieb sie denn im Beruf, stillte das Kind im Gegensatz zu den älteren Geschwistern nicht und ließ es in der Zeit ihrer Abwesenheit von (freilich häufig wechselnden) Hausmädchen oder Stundenhilfen versorgen. „Unser Lebensstil wurde um die Zeit, als Michael geboren wurde, entscheidend anders", sagte diese Mutter. „Wir beiden Erwachsenen hatten zunehmend weniger Zeit, dafür aber mehr Geld. Wir konnten den Kindern, vor allem aber dem kleinen Michael, viel mehr bieten." Damit wird eine sehr typische Gegebenheit deutlich: Dem kleinen unerwünschten Michael wurde auf diese Weise viel, ja viel zu viel „geboten", aber eben gerade nicht das, was er brauchte: die stille, beschauliche Gemeinsamkeit mit einer Mutter, die bereit war, sich ganz auf ihn einzustellen.
„Unsere Ältesten", so berichten die Eltern, „haben mit uns die beengten Verhältnisse der Nachkriegszeit durchgestanden – Flucht auf dem Planwagen, Notunterkünfte, das Suchen nach einer neuen Heimat; aber wir sind glücklicherweise nie voneinander getrennt worden."

Das nun ist das Entscheidende: Der kleine Michael, das einzige Kind mit einer beständigen neuen Heimat, ist das einzige innerlich heimatlose Kind der Familie; denn ihm wurde nicht mehr das Glück zuteil, sich an eine Mutter, die immer für ihn da ist, binden, in ihr verwurzeln zu können – er bekam auf der ganzen Linie schnöden Ersatz, er geriet, wie so viele seiner Jahrgangsgenossen, in den Sog des Zeitmangels und der Verwöhnungsmöglichkeit seiner Eltern. Solche Kinder sind seelisch chronisch unterernährt, während ihre Aktivität im Ansatz durch Verwöhnung blockiert wird, so daß es ihnen nicht mehr möglich ist, sich anzustrengen, nach „getaner Arbeit" zufrieden zu sein und damit zu neuen Leistungen ermuntert zu werden. Weil diese Situation bei immer mehr Kindern eintritt, nimmt die Zahl derer, die als Kleinkind nicht kauen wollen, die sich mit Flüssigkeit zur Fettleibigkeit vollschwemmen, die aus Seelenhunger bereits als Sechsjährige zu stehlen beginnen und aus verzweifelter Antriebsschwäche schließlich in eine Sucht gehen, von Jahrgang zu Jahrgang zu. Weil auf diese Weise die Zahl der arbeitstüchtigen jungen Erwachsenen von Jahrgang zu Jahrgang abnimmt, ist die Gefahr gegeben, daß wir uns bei gleichbleibender Situation bereits im Jahre Zweitausend nicht mehr als Kollektiv werden erhalten können.

Unsere Stadt Ninive ist damit in der Gefahr, unterzugehen. Und in der Tat, das sollten wir erkennen: Dieses Problem ist keineswegs durch die Verteilung von mehr Geldern an das Heer der Frührentner zu lösen – diese unsere Not soll und will uns zur Buße auffordern; denn sie zeigt unmißverständlich, daß der Mensch nicht vom Brot allein leben kann. Unsere wie Raben stehlenden Kinder und Jugendlichen sind see-

lisch Verhungerte. Sie stehlen – ohne zu wissen warum – mit dem Negerkuß, mit dem Lutscher, mit dem sie ohnehin zu Hause überreichlich gefüttert werden, eine Süße, die sich nicht kaufen läßt: die Liebe, die Zuwendung, die ihnen von ihren fleißigen Eltern, die beide unentwegt im Beruf schufteten, nicht zuteil werden konnte.
Es wirkt sich auf die seelisch-geistige Entwicklung des Kindes unheilvoll aus, wenn seine Erzieher ihr Leben unter den Primat des Gelderwerbs gestellt haben. Dazu muß unterscheidend betont werden: Es ist ein notwendiges, berechtigtes und natürliches Bedürfnis, durch Geldverdienen seinen und seiner Familie Lebensunterhalt zu sichern; unbekömmlich ist es für das Kind nur, zu erleben, daß in seinem Umkreis materielle Erwerbstätigkeit als höchster Wert fungiert und daß ihm alle anderen Lebensbereiche untergeordnet werden.
Diese Einstellung ist heute keineswegs nur eine Angelegenheit der Industriebosse; sondern sie ist in unserer Erwachsenengeneration als tragische Folge des Zusammenbruchs der Ideale durch Hitlerschen Mißbrauch mit ihnen sowie als Folge der harten Kriegs- und Nachkriegszeit bei einer großen Zahl von Menschen gang und gäbe. Besonders Jugendliche vertragen diese Fehleinstellung nicht in dem Alter, in dem sie lernen wollen, über ihren Egoismus hinauszuwachsen. Es verstört ihre Möglichkeit zu überpersönlicher Einsatzfähigkeit. Die Adoleszenz, das Jugendalter zwischen siebzehn und einundzwanzig Jahren, hat nämlich als Entwicklungsstufe die Aufgabe, auf überpersönliche Zielrichtungen der seelisch-geistigen Entwicklung vorzubereiten. Sind die Erwachsenen, ist die Gesellschaft aus ihrer eigenen Fehleinstellung heraus nicht in der Lage, den Jugend-

lichen hier Vorbilder und Betätigungsfelder zu geben, so reagieren sie – ohne zu wissen warum – mit vermehrter ungerichteter Aggressivität, mit Protesten, Unruhe und Depressionen.

Noch schlimmer aber wirkt sich die Vergottung des Materialismus auf die seelisch-geistige Entwicklung junger Kinder aus. Diese werden heute mit Materialien, mit einer viel zu großen Fülle an Spielzeug und Genußmitteln überschüttet, was ihre Aktivität lähmt und ihnen ein falsches Weltbild vermittelt; denn auf diese Weise wächst in ihnen die Vorstellung, daß ihnen die gebratenen Tauben in den Mund zu fliegen haben. Da die Tauben das bereits im Grundschulalter nicht mehr tun, reagieren sie mit empörtem Protest und beleidigter Verweigerung der Arbeitsforderung. Am bedenklichsten ist es, daß durch eine solche Verwöhnung generell die Fähigkeit, mit Lust aktiv zu sein, verkümmert, so daß es zu einer Aktivitätsatrophie kommt, wie ich diese Störung in meinen Büchern genannt habe. Das heißt: die unzureichende Entwicklung der Aktivität bewirkt eine fundamentale Trägheit, eine Passivität, die später nicht einfach durch Antreiben, durch Ermunterung, durch ein freundliches Auf-die-Schulter-Klopfen wieder nachholbar ist. Übel ist es vor allem, daß Kinder, bei denen in ihrer ersten Lebenszeit durch Verwöhnung das Instrumentarium für eine optimale Lebenserfüllung verschleudert worden ist, in einer gefährlichen Weise – dumpf-berechtigt – durch all ihre gleichgültige Leere hindurch unglücklich sind und nur eines ideologischen Anführens bedürfen, um sich zum Kampf gegen diese „verrottete Gesellschaft" zusammenschmieden zu lassen.
Ich meine, daß es der Sinn der fürchterlichen Nöte ist,

die zahllose Eltern heute schon mit ihren neurotisch verwahrlosten Jugendlichen haben, daß wir so schnell wie möglich die Konsequenz aus dem Dilemma und aus der Gefahr für die Zukunft ziehen sollten; das heißt: zu erkennen, daß der Mensch nicht nur als Einzelperson, sondern auch als Kollektiv zugrunde gehen muß, wenn er den Materialismus zu seinem Gott ernennt. Entweder regrediert er in der Diktatur eines sozialistischen Paradieses auf die Stufe des Heringsschwarms, oder er versinkt im Chaos der Wohlstandsverwahrlosung.

Die Rettung unserer Stadt Ninive kann also weder durch die falschen Propheten aus dem Osten noch durch die aus dem Westen geschehen. Auch wir brauchen schleunigst das, was die Leute von Ninive taten: *Sie glaubten Gott,* so sagt unser Text. Und das eben ist das Entscheidende. Das könnte die einzig richtige Konsequenz sein, die wir aus unserem Dilemma ziehen müßten, wenn wir Ohren hätten zu hören. Wir sollten erkennen, wie eigenmächtig es ist, die Mütter von ihren hilflosen Säuglingen in die Industrie fortzuholen, wie hochmütig es ist, uns Frauen vorzugaukeln, unsere Kinder könnten ohne die Kraft unseres Leibes und unserer Seele, ohne unser Opfer – Erziehen bedeutet, sich total einem Kind hinzuhalten – gleichartige Kraft durch „Ersatzpräparate“ bekommen, wie sehr sich an uns in aller eisernen Konsequenz der Satz Christi bewahrheitet: Man kann nicht zwei Herren dienen – Gott *und* dem Mammon.
Das heißt: Gewiß müssen wir für unseren Lebensunterhalt sorgen; aber das hat nicht an erster Stelle zu stehen. An erster Stelle müssen stehen: Gehorsam, Ehrfurcht, Liebe und Dienst für Gott – und das heißt auch: Beugen unter die Lebensgesetze, denen wir

unterstellt sind, verantwortungsbewußte Pflege der Kinder, die wir geboren haben, solange sie noch nicht ohne uns auskommen können, Liebe also zu den wirklich Nächsten, die uns in unserem Umkreis anvertraut sind. Mit Anstrengung sollte jeder einzelne versuchen, unsere materialistische, egozentrische, verwöhnungsbereite, bequeme Einstellung zu ändern. Denn diese Einstellung ist gar nicht so sehr Schuld der einzelnen Mutter, des einzelnen Vaters; sie ist die Folge eines kranken Zeitgeistes, der sich anmaßt, das Leben nach eigener Maßgabe *machen* zu dürfen. Sie ist die Folge des Glaubens an falsche Götter – auch an die Wissenschaft, die dann oft selbst voller Entsetzen vor den vielen ungewollten schädlichen Nebeneffekten ihrer neuen Segnungen steht, die oft erst nach Jahren und Jahrzehnten verheerend in Erscheinung treten. Gegen unreflektierte Machtanmaßungen dieser Art, gegen unser bequemes Mitlaufen müssen wir uns mit Entschiedenheit zur Wehr setzen.[1)] Es ist besser für unsere Kinder, wenn wir für sie da sind, für sie Zeit haben, uns mit ihnen beschäftigen, als wenn wir ihnen als Mütter von unserem verdienten Geld täglich ein neues Spielzeug kaufen. Es ist besser für die Kinder im Grundschulalter, wenn wir mit ihnen zelten, angeln, paddeln und Lagerfeuer machen, als wenn wir sie im Fond eines teuren

---

[1)] Christa Meves schrieb ein zehnseitiges umfassendes Dossier über das Apostolat des Wissenschaftlers Professor Max Thürkauf. Ihre Schlußfolgerung lautet: “Hier ist mitten in unserer verwüsteten Welt ein Zeuge aufgetreten, der nicht nur durch die Fachkunde seiner Aussage seine Bedeutsamkeit bewies, sondern vor allem dadurch, daß er erst einmal selbst ganz ernst damit machte, die Wahrheit des Evangeliums durch sein eigenes verwirklichtes Christentum glaubwürdig zu belegen.”

Wagens durch die Kontinente jagen. Es ist besser, wenn wir mit ihnen spielen, als wenn wir sie unentwegt mit neuer Bekleidung ausstatten, die wir durch Arbeit irgendwo draußen erworben haben. Es ist unermeßlich viel besser, die Säuglinge ein dreiviertel Jahr lang voll an unserer eigenen Brust die Erfahrung machen zu lassen, wie man sich durch harte Arbeit zufrieden macht, statt die Verwöhnung bereits in diesem Alter durch eine zu leichte und unnatürliche Form der Ernährung einzubahnen und vorzuprägen. Es ist notwendig, mit den Jugendlichen zu sprechen, auch über den Sinn des Lebens und unsere eigene Einstellung und Erfahrung mit dem Zweifel an diesem Sinn, über die Festigkeit unseres Vertrauens auf Gott – als Frucht eigener Nöte und Sackgassen. Das ist besser, als sie mit ihren Problemen allein zu lassen, weil wir die Vorstellung hegen, der Fernsehapparat könnte unsere Zuwendung, könnte Führung und Geleit ersetzen.
Das alles ist Verwirklichung des Glaubens an Gott: indem wir über den Tellerrand unseres Egoismus hinausblicken auf das unsichtbare große Du über unserer Welt, auf *den* anderen hinter unserer Tür und *danach* auf *die* anderen hier, indem wir das *Du* unserem *Ich* überordnen, statt in den Teufelskreisen der Eigensucht steckenzubleiben.

Ein solches „Fasten“ im übertragenen Sinne, ein bewußtes sich Wehren gegen die Bequemlichkeit, zu der wir durch das Konsumgegaukel verschaukelt werden sollen, konnte nicht nur für Ninive, kann auch für uns heute noch heilsam sein. Aber auch wir bedürfen dazu, wie Ninive, des Vorbildes, unseres Königs, des besten Teils in uns, sein Grenzen-Setzen, sein Knien in der Asche der Demut statt eines selbstherrlichen, überheblichen Hockens auf den Thronen der Eigensucht. Und im Symbol der Tiere, die nicht einmal zum Fressen auf die Weide getrieben werden dürfen, sagt unser Vorbild Ninive, daß diese Einstellung der Bußfertigkeit radikal sein muß, bis in die primitiven, die „tierischen" Bedürfnisse unseres Leibes hinein. Auch der Lust-Gott und der Genuß-Gott sind wie der Gott der Verwöhnung und des Geldes falsche Götter – *wie* falsch sie sind, das zeigt sich eben an diesen durch einen falschen Zeitgeist hervorgerufenen Verhaltensstörungen in der jungen Generation, die unsere Zukunft ist.

Wollen wir Zukunft haben, wollen wir nicht untergehen wie Babylon, geschlagen von Gottes Zorn, wie es auch noch *nach Christus* geschrieben steht, so glaubt *Ihr* Gott!, sagt unser Text. So sollten wir alle, wie die Männer von Ninive, das große Fasten, nämlich die Änderung unseres Zeitgeistes zu Gottesfurcht, zu Menschenliebe und echter Opferbereitschaft ausrufen.

Denn – unsere Not hat, wie jedes kollektive Schicksalsleid, den Sinn, uns die Grenzen unserer Eigenmächtigkeit erkennbar zu machen und uns auf diese Weise das Beten, das Bitten, eine ehrfürchtige und damit die einzig wirklichkeitsgerechte Haltung wieder zu lehren. Das bittere Brot der Not essen zu müssen bedeutet, in die Antwort auf sie, in die Verantwortung gerufen zu werden und mit Einsicht und Änderungsbereitschaft – eben mit Buße zu reagieren. Mächtige Veränderungen in der Einstellung müßten sich vollziehen; denn, so sagt Bernhard Philberth mit Recht: „Von Anfang an ist die Welt so geschaffen, daß das Abgefallene und Unwahrhaftige sich in sich selbst vernichtet – aufgrund eines der Schöpfung mitgegebenen Gesetzes, das mächtiger als alle Gesetze unseres Denkens und unserer Apparaturen ist: die Gerechtigkeit."

Wir brauchen viel Umkehr und viele Bitten, damit Gott diese uns zustehende Gerechtigkeit preisgeben kann – um der Liebe und um der Vergebung willen. Nur so haben wir die Chance, daß er sich auch unserer Stadt Ninive erbarmt.

Es ist besser für unsere Kinder, wenn wir für sie da sind, für sie Zeit haben, uns mit ihnen beschäftigen, als wenn wir ihnen als Mütter von unserem verdienten Geld täglich ein neues Spielzeug kaufen.

Vom Hunger vor der eigenen Tür

Vortrag, gehalten 1974 in Kassel

Ich möchte diesen Vortrag unter ein Wort aus Hiob, aus der Antwort Gottes aus dem Wetter (Kapitel 38, 41) stellen:

„Wer bereitet dem Raben die Speise, wenn seine Jungen zu Gott rufen und fliegen irre, weil sie nicht zu essen haben?"

Meine Damen und Herren!

Hören Sie, wie unsere armen Rabenkinder schreien, weil sie nicht zu essen haben?

Die Diebstahlsdelikte von Kindern und Jugendlichen in der Bundesrepublik Deutschland haben in den letzten fünfzehn Jahren um 728 Prozent zugenommen. (Und das sind nur die erwischten Kinder.) In meiner Eigenschaft als Gutachter beim Jugendgericht frage ich diese Jugendlichen alle, warum sie die Flasche, die Negerküsse, den Kaugummi, die Zigaretten, die Colas, die Kuchen gestohlen haben. Und nur allzu oft kommt dann die verblüffende Antwort: „Ich hatte Hunger." „Hunger?" Die vollbusige Mutter, die neben dem Jungen sitzt, kann da nur laut lachen. Hunger will der Junge gehabt haben – was für ein Unsinn! Zu Hause ist alles da, die Fleischtöpfe Ägyptens, kistenweise Coca Cola, alles zur freien Verfügung; Mutter arbeitet, Vater arbeitet; das Geld, auch reichlich Taschengeld für die Kinder, ist da; die Ware ist da. „Unsere Kinder haben wirklich alles", bestätigen die Eltern. Aber sie haben Hunger, furchtbaren Hunger, so großen Hunger, daß alle angedrohten und auch durchgeführten Strafen – grobe Prügelstrafen meist immer noch – die Kinder nicht davon abhalten konnten, immer und immer wieder, meist vom siebenten Lebensjahr ab, illegale Übergriffe zu wagen. Und wenn wir Fachleute sie dann untersuchen, so können wir nur bestätigen: Die Kinder haben recht, sie haben in der Tat Hunger, sie sind geradezu seelisch Verhungerte. In ihrer Seele gleichen sie durchaus den elenden Kindern Äthiopiens. Sie sind in bezug auf das, was ihre Seele in der ersten Kindheit brauchte, Verhungerte, Ungeliebte, Unumkümmerte, Fehlversorgte, Ersatzbefriedigte, Verwöhnte. Ihre Not schreit uns mit der wachsenden Kriminalisierung unseres Landes, mit der resignierten Unfähigkeit dieser Jugendlichen, zu arbeiten und sich sozial zu verhalten, entgegen als ein Fanal, denn die Rabenkinder sind der Raben, der Erwachsenen, bedürftig, die ihnen Speise geben. Ihr Stehlen, ihre Unbotmäßigkeit, ja selbst ihr Irregehen bis hinein in die ideologischen Utopien, in das Getöse um die Notwendigkeit gewaltsamer Gesellschaftsänderung ist letztlich dumpfes, verzweifeltes Suchen nach dem Heil- und dem Sattwerden ihrer Seelen, ist letztlich ein Rufen nach Gott.

Warum nach Gott, werden Sie fragen. Nun, weil Gottes Liebe, Opfersinn und Vergebungsbereitschaft, weil Gottes Kraft, Ordnung und Hingabe sich in den Eltern manifestiert oder auch – nicht manifestiert, weil Gottes Speise über die Erwachsenen Seelenspeise für die Kinder wird.

Wenn man als Psychagogin genau hinhört, kann man diese Zusammenhänge ganz klar erkennen. Nach strengsten, biologisch faßbaren Ordnungen erwarten unsere Kinder von uns unsere Liebe für sie, unsere Hingabe an sie, unsere Opfer an Bequemlichkeit und Zeit, unsere Zucht und unseren Verzicht.

Warum gehen unsere Rabenkinder heute so irre? Warum nimmt die Zahl der seelisch Verhungerten so zu, daß es in der Tat an der Zeit wäre, den Notstand auszurufen? Weil viele Eltern eben trotz ihres Erwachsenenstatus eigentlich nicht mündig sind, sondern auch noch zu den Rabenkindern gehören, die irregehen, d. h. Menschen sind, die das ungewöhnliche Ausmaß an Freiheit, das ihnen durch die Technik, durch den Wohlstand und unsere Staatsform geschenkt wurde, fehlnutzen zur Gewinnung von mehr Bequemlichkeit und Lust ihrer selbst, die das Goldene Kalb, die die Götzen aus Gold, Silber, Erz und Holz anbeten; heute sind das: das Geld, die Wissenschaft, der Sport und der Sex.

Warum sage ich Ihnen das im Rahmen dieser Andacht, die uns einstimmen soll auf unsere gemeinsame Arbeit? Was hat das mit unserer Aufgabe, mit unserem Hindenken und Hinbeten um Gottes Beistand und seinen Geist bei diesem unserem Bemühen zu tun?
Weil noch niemals unsere Rabenkinder so sehr der Speise bedurft haben wie heute, der Speise durch jene Raben, denen Gott durch seinen Geist seine Speise schenkte, um sie an die hungernden Rabenkinder weiterzugeben, Speise durch uns. Noch niemals waren sie so zentral bedürftig, daß ihnen durch den Geist der Liebe und der Hingabe von Gläubigen, von Berufenen, von kirchlichen Amtsträgern Speise gegeben wird und schließlich die Orientierung auf den großen Leuchtturm Gott zu. Noch niemals wurde der Zusammenhang von bequemer Ichsucht, von fehlgenutzter Materie und In-die-Irre-Gehen so deutlich erkennbar wie heute; noch niemals war die Ehrfurchtslosigkeit so fundamental, der Seelenhunger

ganz korrelativ dazu, so vielzählig und mächtig, die Ungeborgenheit der Menschen so groß, so lärmend, so gefährlich wie heute.
Unsere Rabenkinder brauchen nicht mehr Geld, wie sie meinen, nicht mehr forderungslose Versorgung durch den Staat, wie sie postulieren; sie bedürfen der Raben, die ihnen *Gottes* Speise übermitteln.

An dieser Stelle nun reißt das Dilemma auf: Die Rabenkinder heute sind in einem Status massiver religiöser Unterernährtheit. Aber dieser Status wird vor allem dadurch immer schlechter, daß ein Großteil von ihnen einer Geschmacksperversion anheimgefallen ist. Sie erkennen nicht mehr die ihnen notwendige, die ihnen angemessene, die eigentliche, wesentliche Speise – das Wort Gottes als die richtige Speise; nein, die verschmähen sie. Sie suchen sie girrend im Kargen. Sie suchen sie bei den Psychoanalytikern, bei den Verhaltenstherapeuten, den modernen Magiern der Yogakunst, bei den modischen Ideologen. Ich sitze sonntags bei den atemberaubend großartigen Verkündigungen und Predigten in der Kirche unter einem Häufchen von Alten. In meinen eigenen Vorträgen, denen einer Psychagogin mit kleinformatiger Aussage, sitzen hingegen Abend für Abend Hunderte von Menschen – selbst während der Fußball-Länderspiele -, angeblich auf der Suche nach Rezepten, damit ich die Not, die sie mit ihren Kindern haben, wende. Und sie können doch auch von mir nur das *eine* entscheidende Grundrezept bekommen: „Kehrt um! Ändert eure Einstellung, um Himmels- und um euretwegen – tut Buße!“ Ja, ich gebe ihnen dieses Rezept; ich schlage dazu jedoch viele verschlungene Wege ein, ich versuche sie durch all die Bretter, die sie vor den Köpfen haben, wieder zum

Erkennen der großen zentralen Wirklichkeit unseres Lebens zu führen.
Aber – warum können sie denn nicht mehr das Wort Gottes unmittelbar verstehen, wie es in den Gottesdiensten so unermüdlich, häufig so tragisch ergebnislos, so treu angeboten wird? An dieser Stelle neigen die kirchlichen Amtsträger dazu, sich an die Brust zu schlagen und zu sagen: „Culpa nostra – unsere Schuld! Wir sind wirklichkeitsfern. Wir sind unzureichend ausgebildet. Wir sind hohl und voller Pathos."
So sehr Selbstkritik Mut und Kraft verrät, so wenig kommen wir jedoch allein damit weiter. Es liegt nicht nur an der Kirche, daß sie immer weniger Menschen erreicht; es liegt daran, daß der Mensch im naturwissenschaftlichen Zeitalter so viel intellektualistischen Kleister in den Augen und Ohren seiner Seele hat, daß er für eine symbolhafte Sprache, für die Sprache der Bilder, der „inneren Anschauung" eben kein Verständnis mehr hat, weil ihm das Organ dazu verschüttet ist, und leider auch manchem Priester; denn zwangsläufig ist auch er ein „Verkopfter", ein Intellektualisierter und damit Verengter. Der Mensch heute hat 's dummerweise mit den Fakten, mit den Beweisen, mit den Statistiken.
Der in der Seeleneinsicht so verengte Mensch will innerhalb der verengten Bereiche seiner Einsichtsmöglichkeit belehrt werden. Aufgrund von Überlegungen entsprechender Art entstehen dann die vielen richtigen, hilfreichen sozialen Bestrebungen der Kirche: die Kindergärten, Familienfreizeiten, Jugendzentren, Jugendreisen, diakonischen Hilfswerke, die wir in der Tat für unsere Verhungerten brauchen, Einrichtungen, von denen wir noch lange nicht genug haben; vor allem in bezug auf Institutionen für gefährdete Jugendliche sind wir immer noch

ein total unterentwickeltes Land. Dennoch aber muß das alles letztlich falsche Speise bleiben, die nicht in der Tiefe sättigt, wenn wir über diesen Umweg den Menschen nicht die Erkenntnis vermitteln, wie sehr gerade unsere Not statistischer Beweis der zentralen Wirklichkeit und Wesenhaftigkeit christlicher, ja der durch Christus und Johannes verkündeten Wahrheit ist, daß das Gericht Gottes, die Apokalypse, erfolgt, wenn die Menschen hochmütig dazu übergehen, die Adamssünde des Alleinmachenkönnens zu verwirklichen. Heute züchten wir diesen Geist des Hochmuts und der Sünde geradezu und vertausendfachen ihn massenmedial. Glaube und Kirchentreue wird als hinterwäldlerisch und reaktionär verteufelt. „Es ist doch statistisch längst erwiesen, daß wir mit Gott und der Liebe nicht weiterkommen", höhnte ein Jugendlicher in einer Diskussion. Ich erwiderte: „Nein, es ist allein erwiesen, daß der Mensch immer wieder Gott und den Geist der Liebe verrät."
Warum erinnere ich an diese Ihnen gewiß zum Teil bekannten Zusammenhänge an dieser Stelle? Weil ich Ihnen, weil ich uns Mut machen möchte für unsere Arbeit.

Meine Damen und Herren, bitte lassen Sie sich das von mir sagen, die ich gewissermaßen an der Front stehe: Wir befinden uns in einem lebensbedrohlichen Zustand; der Hungerzustand und die tragische Seelenblindheit unserer Rabenkinder ist riesengroß. Wir müssen die vorhandenen Kräfte der Kirche darauf verwenden, mehr zu tun, um dem Elend abzuhelfen, mehr zu tun, um sie zu erreichen. Wir erreichen sie sicher nur über noch sehr viel mehr soziale Aktivität, durch mehr Bräuteschulen, Elternschulen, vor allem aber durch Jugendausbildungsstätten für Schwererziehbare und Gestrauchelte. Es darf aber niemals die Beziehung zu dem Auftrag und dem Geist, aus dem die Kirche handelt, vergessen werden; ja es muß der Zusammenhang der Hilfe im Kleinen und Alltäglichen zum Geist der Liebe, aus dem dies alles geschieht, immer wieder durch das Wort deutlich gemacht werden. Die aktive Liebe und Sozialarbeit kann nicht mehr sein als ein Mittel, um den Menschen aufgeschlossen zu machen für die Gegebenheit, daß wir nichts allein tun, daß wir kein Heil, kein Glück, keine Zufriedenheit in Sinnfindung machen können, daß wir hingegen im Bund mit Gott stehen, seiner Gnade bedürftig sind und ihrer verlustig gehen, wenn wir ihm die Treue verweigern.

Wir haben nur Aussicht, daß die Botschaft von Hoffnung und Versöhnung wieder verstanden wird, wenn wir ihr Pendant, die Botschaft von Vertreibung und Gericht, von Sünde und Buße, nicht kränklich fortretuschieren, Botschaften, von denen die Bibel doch unüberhörbar als ihrer zweiten Grundmelodie von A bis Z kündet, vom Sündenfall über die Sintflut bis zum Heulen und Zähneklappern der Christusworte und dem grandiosen Schlußkapitel des Neuen Testamentes: der Apokalypse. Nur, wer auch Hölle erfährt und annimmt, kann Auferstehung erleben!

Unsere Zeit ist Höllenzeit, so unheimlich vor allem, weil das Gefühl für diese Wirklichkeit dumpf vorhanden ist, Bewußtsein darüber aber fehlt. Und das liegt daran, daß es zur Oberteufelei des Teufels der Neuzeit gehört, daß er sich, z. T. auch mit Hilfe der Kirche, in einen Luziferus absconditus, einen Verborgenen hat verwandeln können, dessen Gegenwart eine solche verschleierte, alles durchdringende Supermacht hat entfalten können, weil wir ihn verleugnen, weil wir es nicht wagen, auch diese Wahrheit der Offenbarung auf unsere Zeit anzuwenden, um ihm damit auf den Pelz zu rücken und ihn zu schwächen, indem wir ihn dekuvrieren als so gegenwärtig – im Sexrummel, in der Genußsucht, in der kritiklosen Wissenschaftsgläubigkeit und in all ihren bösen, heute doch schon so sichtbar werdenden, so statistisch nachweisbaren Höllenfolgen: der kollektiven Verwahrlosung, Neurotisierung, Gesundheitsvergottung, Seelen- und Leibesverstümmelung, Wasser- und Luftverpestung. Wie, wie nötig haben wir das Heil, um diesen so leibnahen, so würgemächtigen Dämonen widerstehen zu können!

Sie, meine Damen und Herren, säßen nicht hier, wenn Sie nicht alle von der Speise genährt wären, von der Gott aus dem Wetter zu seinem Knecht Hiob spricht. Weil das so ist, haben wir die Aufgabe, wohl zunächst wie der Arzt zu versuchen, die Geschmacksperversionen, die Seelenverkleisterungen unserer Rabenkinder durch praktische Hilfen handfest zu lösen. Aber wir haben immer und im Zentralen die Aufgabe, darüber die Übermittlung der eigentlichen Speise, das Wissen um den verpflichtenden Bund des Menschen mit Gott nicht zu vergessen, ja zu wissen, daß die Vermittlung dieser Speise unser Ziel, die entscheidende Priorität in unserer Arbeit bleiben muß. In Zeiten wie den unseren, in denen die seelischen Nöte, die zukunftsgefährdenden Krankheiten der Jugend zur Springflut angewachsen sind, geht es nicht an, daß wir uns in freundlichen Konzessionen an den Zeitgeist verzetteln, geht es auch nicht an, daß wir uns in Verkennung unserer Situation der totalen Existenzgefährdung wie eine Machtinstanz gebärden, die großmütig und langarmig ihren materiellen Reichtum ökumenisch demonstriert.

Woher, meine Damen und Herren, nehmen wir die Berechtigung zu solcher Großmut? Steht dahinter nicht eine geradezu blinde Fehleinschätzung unserer Lage, eine gefährlich unchristliche Überheblichkeit? Wie schrecklich wenig stimmt es in unserem eigenen Haus! Aber erst wo es im eigenen Haus stimmt, läßt sich in den fremden etwas ausrichten. In unserer Situation kommt es vor allem darauf an, deutlich zu machen, daß der Mensch heute nicht durch Sozialrevolutionäre, nicht durch Schlaraffenlande oder Arbeiterparadiese geheilt werden kann, sondern allein durch den Priester, der auf den Märkten das Brot des Lebens, die ihm von Gott geliehene Speise, austeilt. Dazu brauchen wir die intensive Konzentration aller unserer Kräfte, vor allem das Bemühen um das Übersetzen der Offenbarungssprache in die verstümmelte Sprache des intellektualisierten Menschen unserer Tage; mit Philologie allein ist das nicht zu schaffen!
Aber gewiß kann darüber hinaus dieses Brot nur dann als das richtige, als das einzig heilende erkannt werden, wenn wir uns nicht verstecken, wenn wir den Mut haben, den schweren Sack des unbequemen Auftrags, des scheinbar nicht gefragten Auftrags anzunehmen, wenn wir mit dem Geist der Klarheit, Entschiedenheit und Sicherheit, der solchen Beauftragten ansteht, ja sie kennzeichnet, an die Arbeit zu gehen verstehen. Gewiß kann dieses Brot nur dann aufgenommen werden, wenn wir selbst ganz, bis in den letzten Winkel unseres Herzens eins sind mit der Hingabe an dieses Amt, nur wenn wir selbst uns mitgebeutelt fühlen von der schrecklichen seelischen Hungersnot unseres Landes, wenn wir die Schreie der zahllosen Rabenkinder so dicht vor unseren Füßen, so unmittelbar vor unserer Tür wirklich vernehmen und bis ins Mark hinein davon erschüttert werden. Nur

dann wird unsere Institution Kirche der Rabe sein können, der die Not wendet; denn allein die Glut der Empörung gegen das *Widergöttliche* in und um uns und allein die Glut der *Hingabe* an den Willen Gottes können zum Brand werden, aus dem eine neue Welt hervorgeht.

Nur so können wir mitwirken, daß das Reich Gottes kommt. Nur so können wir hoffen, daß uns das unserer Seele lebensnotwendige Brot, daß uns dieses tägliche Brot, der Geist Gottes, weiter geschenkt wird.

Wir haben nur Aussicht, daß die Botschaft von Hoffnung und Versöhnung wieder verstanden wird, wenn wir ihr Pendant, die Botschaft von Vertreibung und Gericht, von Sünde und Buße, nicht kränklich fortretuschieren, Botschaften, von denen die Bibel doch unüberhörbar als ihrer zweiten Grundmelodie von A bis Z kündet, vom Sündenfall über die Sintflut bis zum Heulen und Zähneklappern der Christusworte und dem grandiosen Schlußkapitel des Neuen Testamentes: der Apokalypse. Nur, wer auch Hölle erfährt und annimmt, kann Auferstehung erleben!

Vom Gericht Gottes

Vortrag, gehalten 1973 in Mannheim

Meine Damen und Herren!

Ich möchte Ihnen heute eine tiefenpsychologische Interpretation des folgenden Textes aus den Offenbarungen des Johannes geben. Dort heißt es:

„Und die sieben Engel mit den sieben Posaunen hatten sich gerüstet und hoben an.

Und der erste Engel posaunte; und es ward ein Hagel und Feuer mit Blut gemengt, und fiel auf die Erde, und der dritte Teil der Erde verbrannte, und der dritte Teil der Bäume verbrannte, und alles grüne Gras verbrannte.

Und der zweite Engel posaunte; und es fuhr wie ein großer Berg mit Feuer brennend ins Meer, und der dritte Teil des Meeres ward Blut, und der dritte Teil der lebendigen Kreaturen im Meer starb, und der dritte Teil der Schiffe ging zugrunde.

Und der dritte Engel posaunte und es fiel ein großer Stern vom Himmel, der brannte wie eine Fackel und fiel auf den dritten Teil der Wasserströme und über die Wasserbrunnen. Und der Name des Sterns heißt Wermut. Und der dritte Teil der Wasser ward Wermut; und viele Menschen starben von den Wassern, denn sie waren bitter geworden.

Und der vierte Engel posaunte; und es ward geschlagen der dritte Teil der Sonne und der dritte Teil des Mondes und der dritte Teil der Sterne, daß ihr dritter Teil verfinstert ward und den dritten Teil des Tages das Licht nicht schien und in der Nacht desgleichen.“

„Und der sechste Engel posaunte; und ich hörte eine Stimme aus den vier Ecken des goldenen Altars vor Gott, die sprach zu dem sechsten Engel, der die Posaune hatte: Löse die vier Engel, die gebunden sind an dem großen Wasserstrom Euphrat. Und es wurden die vier Engel los, die bereit waren auf die Stunde und auf den Tag und auf den Monat und auf das Jahr, daß sie töteten den dritten Teil der Menschen.

Und die Zahl des reitenden Volkes war vieltausendmal tausend; ich hörte ihre Zahl. Und so sah ich im Gesicht die Rosse, und die darauf saßen, daß sie hatten feurige und bläuliche und schwefelgelbe Panzer; und die Häupter der Rosse waren wie die Häupter der Löwen, und aus ihren Mäulern ging Feuer und Rauch und Schwefel. Von diesen drei Plagen ward getötet der dritte Teil der Menschen, von dem Feuer und Rauch und Schwefel, der aus ihren Mäulern ging. Denn die Macht der Rosse war in ihrem Maul und in ihren Schwänzen; und ihre Schwänze waren den Schlangen gleich und hatten Häupter, und mit denselben taten sie Schaden.

Und die übrigen Leute, die nicht getötet wurden von diesen Plagen, taten nicht Buße für die Werke ihrer Hände, daß sie nicht mehr anbeteten die bösen Geister und die goldenen, silbernen, ehernen, steinernen und hölzernen Götzen, welche weder sehen noch hören noch wandeln können, und taten auch nicht Buße für ihre Morde, Zauberei, Hurerei und Dieberei.“ (Offb. 8, 6 – 12 und 9, 13 – 21)

Dieser Text, das müssen wir uns verdeutlichen, stammt nicht etwa aus dem Alten Testament; er gehört in das letzte Kapitel der Bibel, in jenen Teil, der *nach* der Zeit Jesu in einer prophetischen Vision des Johannes von *unserer* Zukunft, vom Gericht Gottes Aussagen macht. Diese Visionen sind von einer ungeheuerlichen Bilderfülle: ja sie sind anscheinend überhaupt nicht in der nüchternen Form unserer intellektuellen Sprache verfaßt und lassen sich auch nicht einfach in sie übersetzen. Diese Sprache der Apokalypse ist ähnlich wie die in unseren Träumen, wie auch in den Sagen und Märchen, voller Symbole, voller Gleichnisse.

Weil das so ist, mag es legitim erscheinen, daß die Pfarrer Ihrer Gemeinden mich, eine Tiefenpsychologin, heute zu Ihnen holten in der Hoffnung, Ihnen mit einer tiefenpsychologischen Deutung den vorliegenden Text verstehbar zu machen. Denn da wir Menschen in uns alle eine seelische Tiefenschicht haben, in der die Bilderwelt als Sprache unserer Seele zu Hause ist, da unsere nächtlichen Träume immer noch in *dieser* Sprache, in der auch Johannes spricht, Aussagen über den Zustand und die seelischen Konflikte des Träumers machen, sind wir Tiefenpsychologen im Verstehbarmachen, im Deuten der Bildersprache gewissermaßen zu Hause. Wer die Bildersprache der Seele, wer die Welt der Symbole versteht, wird die ungeheuerliche, dramatische Prophetie über die Zukunft der Menschen nicht achselzuckend beiseitelegen, sondern wird die Möglichkeit haben, sich durch diese Aussagen im Hinblick auf sein eigenes Leben klarer orientieren zu können; wird in diesen Bildern doch in großer Fülle und Vielfalt der Sieg des Guten über das Böse, des Lichtes über die Finsternis in Form eines mächtigen Gerichtes und einer Verbannung des Satans dargestellt.

Schlüsselt man die einzelnen Gestalten, Vorgänge und Gegenstände auf, indem man die mythische Bildersprache übersetzt, so zeigt sich, daß hier in archetypischer Weise das Welt- und Menschendrama schlechthin dargestellt ist. Die Apokalypse ist zeitlos, ist lebendige, zeitnahe Wirklichkeit. Sie kann sich als inneres Seelendrama jeden Tag immer neu in jedem einzelnen vollziehen, sie hat sich hundertfältig als schweres kollektives Schicksal vollzogen – und es bleibt durchaus dahingestellt, ob nicht vielleicht in der Tat ganz objektiv die „kleine" Apokalypse des einzelnen und der Völker dramatische Vorwegnahmen einer Endzeit sind, der die Menschheit tatsächlich entgegengeht. Jedenfalls ist sicher, daß die großen Visionen des Johannes keineswegs als gruselig-krankhafte Phantasie anzusehen sind, die jeder wahren Prophetie entbehren, sondern daß sie als eine Realisation des großen Geistkampfes, der in dieser Welt stattfindet, zu verstehen sind und daß sie uns wohl gestatten, Wegweiser für unser eigenes Verhalten zu finden. Damit das auch uns Menschen heute, uns Verintellektualisierten, „Verkopften", möglich ist, uns, denen der unmittelbare Zugang zum Mythos verstellt ist, will ich versuchen, den eben verlesenen Teil für Sie aufzuschlüsseln. Dabei bitte ich zu behalten: An keiner Stelle erheben diese Versuche den Anspruch, den einzigen, alleingültigen Deutungskern in der Hand zu haben. Es gehört zum Wesen der Symbole, eine Vielzahl der Betrachtungen zuzulassen. Jede Zeit hat wie jeder einzelne spezielle Zugangswege zum Mythos.

Im ersten Bild fällt Feuer vom Himmel, so daß der dritte Teil der Bäume und alles grüne Gras verbrennt. Dieses Bild trifft nicht nur für die brandschatzenden Kriege der Alten zu, nicht nur, ja noch viel mehr auf die modernen Raketen- und Bombenkriege – auch diese Kirche hier hat ja bereits erfahren müssen, wie

Phosphorbomben ihr Dach durchbrachen und ihre Heiligtümer auflodern ließen im vernichtenden Brand –, dieses Bild trifft darüber hinaus auch auf all die lodernden, zerstörerisch-leidenschaftlichen Gefühle zu, die vernichtend von uns Besitz ergreifen. Eifersucht, Leidenschaft, Haß, Habgier, Neid können brennen, versengen und töten. Die feurigen, überschießenden Aggressionen eines Ehemannes gegen seine Frau können das „Blühen" ihrer Liebe ebenso versengen, wie die Gewaltakte politisch radikaler Kräfte das friedliche Leben lähmen und die Lebensmöglichkeiten ganzer Völker einschränken können. Im Gericht Gottes, so wird hier ausgesagt, wird der Mensch durch seine eigenen Zügellosigkeiten, durch die eigenen ungebremsten Triebkräfte um sein inneres Leben, um seine Möglichkeit zu wachsen und zu gedeihen gebracht.
Der Tod ist in der Apokalypse offenbar keineswegs mit dem leiblichen Ableben des Individuums gleichzusetzen. Sterben heißt im Endgericht: geistig und seelisch eingehen, durch ein falsches Leben sich die Möglichkeit nehmen, das Blühen und Wachsen der Seele auch jenseits des Ablebens hier auf der Erde zu erhalten. Das Gericht Gottes, so wird bei Johannes in vielen, vielen Bildern immer wieder neu ausgesagt, bedeutet Unterscheidung der Kräfte zum Guten oder zum Bösen, zum geistigen Leben oder zum seelischen Tod.

Denken Sie einmal nach, wie viele innerlich Tote Sie in Ihrem Umkreis haben, Menschen, die durch keine Gefühlsregung mehr zu treffen sind, die geistig dahindämmern, die wie blind und taub sind gegen ihre Nächsten, gegen die Nöte unserer Zeit, ja gegen die eigenen Bedürfnisse. An ein Lebensalter ist das nicht gebunden. Ich kenne Zwanzigjährige, die seelisch und geistig „gestorben“ sind; ich kenne Achtzigjährige, deren Seele wächst und blüht und trotz der körperlichen Schwäche immer wacher, immer hellhöriger wird (auch und gerade selbst dann, wenn die Seh- und Hörfähigkeit bereits mächtig nachläßt).

Apokalypse, Entscheidung zu Tod oder Leben ist in und um uns alle Tage, gewiß besonders sichtbar in unserer Zeit. Deutlich wird das in dem Bild des fallenden Berges in unserem Text: „Und es fuhr wie ein großer Berg mit Feuer brennend ins Meer, und der dritte Teil des Meeres ward Blut.“

In der Bildersprache bedeutet das Fallen des Berges ins Meer geistige Nivellierung; denn der Berg steht dort für das Überragende, für die Höhe des Geistes. Wenn ausgesagt wird, daß durch Nivellierung ein Drittel des Meeres zu Blut wird, so bedeutet dies, daß es unter dem Trend der Gleichmacherei zu einer schädigenden Einschränkung der Lebenskraft, zu einem Verschwimmen und Zerfließen geistiger Bewußtheit und Substanz kommt, die einem Rückfall ins Tohuwabohu gleicht. Jeder Mensch hat in sich ein Bedürfnis nach dem Höheren; er strebt von unten nach oben, vom Primitiven zum Vielfältigen, vom Natürlichen zum Geistigen, vom Unbewußten zum Bewußten, vom Nichtwissen zum Wissen, von seelischer Schlichtheit zu seelischem Reichtum, vom Unfreien zum Freien, vom getriebenen Egoismus zum Gutsein, zur Liebe, zur Verantwortung. Aber wie der Aufstieg auf einen Berg kostet das viele und immer erneute Anstrengung.

Jeder Mensch ist innerhalb seines Werdeprozesses immer in der Gefahr, stehen zu bleiben, ja zurückzufallen, zumal dann, wenn er die Achtung vor dem geistig Höheren verliert, wenn er das Streben nach dem Oberen, wie es im Bild der Berge ausgedrückt ist, aufgibt, ja das, was an Höherem besteht, durch diffamierenden Neid zu nivellieren trachtet. Das Bild des von Gott beauftragten Engels macht sichtbar, daß Gott solche Nivellierungsprozesse nicht aufhalten wird, sondern Kräfte, die in dieser Weise unbrauchbar geworden sind, mit ihren eigenen Waffen schlagen wird; denn eine Geisteshaltung, „die alles verachtet, was hoch ist“ (so wird bereits im Buch Hiob gesagt), ist mit der destruktiven Urgewalt identisch. Deshalb kommt es in Zeiten, in denen solche Nivellierungsprozesse das Feld beherrschen, zu einer Vernichtung vieler schöpferischer Impulse des Menschen und vieler urtümlicher Lebenskräfte. Denn es heißt: „Der dritte Teil der lebendigen Kreaturen im Meer starb, und der dritte Teil der Schiffe ging zugrunde.“

Es gehört zu den Erkenntnissen der Tiefenpsychologie, daß bei Menschen, die die ihnen innewohnenden höheren geistigen Ansprüche absichtlich nivellieren und verdrängen, auch die Zugänge zu dem Bereich der Tiefe, zur Intuition, zum Gespür für unbewußte Seelenvorgänge und kosmische Zusammenhänge schwinden. Das Sterben der „Kreaturen“ im Meer, der Fische, ist ein Symbol für den Seelenverlust, der durch Einschränkung auf das Oberflächliche entsteht. Daß aber auch der dritte Teil der Schiffe vernichtet wird, deutet auf einen Verlust der schöpferischen Kultur des Menschen durch solche Nivellierungsprozesse hin. Auf welche Weise werden Schiffe auf dem Meer vernichtet? Gewiß vor allem durch verheerende Stürme, in denen sie kentern, leckgeschlagen werden und untergehen. Im Symbol des wildbewegten stürmischen Meeres ist die Chaosmacht formloser Natur, auch der eigenen formlosen Leidenschaften, der „Primitivreaktionen“, wie es in der Fachsprache heißt, gekennzeichnet. Insgesamt sagt daher dieses Bild aus: Wer das geistige Streben aufgibt und sich nivelliert, wird einer Gefühlsverdrängung anheimgegeben, die ungeformte Gefühlsstürme heraufbeschwört, in denen Werke der Bewältigung und Formung wieder zerbrechen. Dabei kann es sich im Einzelschicksal um einen Rückfall in Primitivreaktionen handeln, die die zuchtvolle Charakterbildung zum Verfall bringen, es kann sich aber auch in Zeiten törichter Gleichmachungstendenzen um ein Untergehen schöpferischer Kulturgüter handeln; denn das Erfinden des Schiffes ist ganz generell ein Bild für den elementaren konstruktiven Versuch des Menschen, sich der Auslieferung an die wilden Urelemente durch schöpferische Bewältigungsversuche zu entziehen.

Denken Sie einmal, meine Damen und Herren, wie weit wir damit heute schon sind: wie sehr wir daran kranken, unter dem Anhauch einer zerstörerischen Ideologie des Neides unsere Kultur durch Nivellierung zu zerstören. Wir bestrafen Fleiß, wir schrauben immer mehr die Leistungsforderungen bei unseren jugendlichen Schülern herab; demnächst sollen Geschichtsunterricht und das Erlernen der Orthographie unter einer böse mißverstandenen Chancengleichheit abgeschafft werden. Ein Volk, das aus einem heuchlerischen Gerechtigkeitsprogramm seine Jugend auf ein Sonderschulniveau zu pressen sucht, nur weil es Sonderschüler gibt, unterbindet nicht nur das Streben der Tüchtigen, unterminiert nicht nur das schöpferische Potential, sondern mindert auch die Kraft und das Gedeihen des Ganzen und damit die Lebenschancen gerade auch der Schwachen und

Randständigen. Wer an die Stelle des Strebens nach einer humanen Gleichwertigkeit aller Menschen den Schrei nach ihrer Gleichheit setzt, stürzt Berge ins Meer, leistet dem Rückfall in die Anarchie, in den gestaltlosen Untergang Vorschub. Gott will das Hohe in seiner Schöpfung. Auch Gott ist nicht nur mit seinem großen fleischgewordenen sterblichen Sohn identisch, läßt sich nicht nur auf brüderliche Menschlichkeit, auf Herzensnähe verengen; in vielen religiösen Bildern und Mythen ist er selbst der Berg, der unendlich Erhabene, Hinausragende, dessen Gipfel verborgen über Wolkentürmen steht. Wer mit Gott-ist-tot-Geschrei den Berg ins Meer zu stürzen versucht, vergiftet alles Dasein, bringt es um die Wahrheit seines Sinnes, nimmt dem Leben sein Zentrum und damit jede Möglichkeit zu einer dauerhaften Fortsetzung.

Daß die Auswahl dieser Bilder den Verlust geistiger „Ein-sichts"-Möglichkeiten kennzeichnet, wie ihn der Aufstieg auf einen Berg, der Weg zu Gott und der dadurch entstehende Einblick in die Täler der Wirklichkeit von dort gewährleisten, geht noch viel mächtiger und schreckerregender aus dem Posaunengericht des dritten Engels hervor: „Es fiel ein großer Stern vom Himmel, der brannte wie eine Fackel und fiel auf den dritten Teil der Wasserströme und über die Wasserbrunnen. Und der Name des Sterns hieß Wermut. Und der dritte Teil der Wasser ward Wermut; und viele Menschen starben von den Wassern, Denn sie waren bitter geworden."
Auch hier handelt es sich um einen Ent-staltungsprozeß, um ein Rückgängigmachen von Schöpfung, das zu viel Bitternis, zu Not und Tod führt. Noch Höheres, noch mehr unmittelbar „Himmlisches",

eben ein Stern, fällt herab und bringt einem Drittel des „Lebenswassers“ Verderben. Der Sternenhimmel ist in der Sprache der Seele ein Symbol für die aufblinkende Erhellung des Geistes mitten in der finsteren Nacht geistiger Orientierungslosigkeit und Unwissenheit. Er ist ein Zeichen kosmischer Ordnung, ein Sinnbild göttlicher Erhabenheit. Im Beachten und Aufschauen des Menschen zu den Sternen ist religiöses Streben versinnbildlicht. Dcshalb sagt Kant: „Zwei Dinge erfüllen mein Gemüt mit steter Bewunderung und Ehrfurcht: der gestirnte Himmel über mir und das moralische Gesetz in mir.“ Realität und Religiosität sind gemeint, wenn Raabe mahnt: „Gib acht auf die Gassen, sieh nach den Sternen.“ Das heißt: Wohl ist die Realität des sinnlich Wahrnehmbaren beachtenswert – sie ist aber nicht alles. Ehrfurcht zu haben vor den geheimnisvollen „höheren“ Welten ist ein entscheidendes Postulat für den Menschen. Beachtet der Mensch die Sterne nicht mehr, so werden sie herabfallen, sagt unser apokalyptisches Bild. Ehrfurchtslosigkeit vor Gott bewirkt eine Verdunkelung des Geistes und damit eine Vergiftung des Lebens, die für viele Menschen seelisches Absterben bedeutet. In der psychotherapeutischen Arbeit läßt sich das immer wieder erfahren: Wo die Ehrfürchtigkeit einer religiösen Einstellung fehlt, ist der Mensch Krisensituationen seines Lebens viel wehrloser ausgeliefert. Die Bitternis der Verzweiflung, wie sie im „Wermut“, dem außerordentlich bitter schmeckenden Extrakt der Wermutpflanze „Artemisia“, ausgedrückt ist, kann den Menschen viel leichter packen und niederdrücken.

Aber über diese Aussagemöglichkeit im seelischen Bereich des Individuums hinaus muß ein solches Bild uns heute geradezu erschrecken. Sind nicht in den letzten Jahrzehnten immer mehr Flüsse und Seen de facto „bitter“ geworden unter dem Übermaß der Belastung mit Schmutz? Hat nicht bei uns in der Tat das große Sterben der „Kreatur der Wasser“ eingesetzt? Und ist diese Entwicklung nicht eine Folge davon, daß wir in leichtfertigem Übermut und Hochmut, in einer kurzsichtigen, oberflächlichen Einstellung diese Entwicklung heraufbeschworen haben? Glauben wir doch in ehrfurchtsloser Weise, daß wir die Natur je nach unserer Willkür manipulieren und bedenkenlos in dem Suchen nach größerer Bequemlichkeit verändern können. Die Ehrfurchtslosigkeit, deren bittere Folgen uns jetzt bereits als gefährliche Existenzbedrohung sichtbar werden, unser höhnischer Mangel an Gottesfurcht – ist er nicht in der Tat ein furchtbarer Rückfall in die Einsichtslosigkeit, wie er grandios im Herabstürzen des brennenden Sterns versinnbildlicht wird?

Um eine Steigerung dieser geistigen Verfinsterung handelt es sich im vierten Bild. Denn nun werden auch der dritte Teil der Sonne und der dritte Teil des Mondes und der dritte Teil der Sterne verdunkelt, so daß „den dritten Teil des Tages das Licht nicht schien und in der Nacht desgleichen.“ Daß hier nicht von realen Mond- und Sonnenfinsternissen gesprochen wird, geht bereits aus der dazu nicht passenden Verfinsterung eines dritten Teiles der Sterne hervor. Nein, es handelt sich auch hier um eine Schilderung *partieller* geistiger Umnachtung, die den Menschen befällt, wenn er die Beziehung zur Religion verliert. Tiefenpsychologisch ist die Sonne ein Symbol des lebenspendenden männlichen Geistes, während der Mond weibliche Geistigkeit, die Fähigkeit, zu horchen, zu verstehen, die Möglichkeit zur Erkennt-

nis durch Empfangsbereitschaft darstellt. Die Verfinsterung dieser geistigen Grundkräfte des Menschen bewirkt einen Dämmerzustand der Unentschiedenheit und Ununterscheidbarkeit. Die „Klarheit des göttlichen Geistes“, der die Aspekte des Männlichen und des Weiblichen gleichermaßen enthält, ist nicht mehr vorhanden, so daß Vernebelungen und Verschleierungen des menschlichen Bewußtseins und damit auch allen demagogischen Manipulationen Tür und Tor geöffnet ist.
Wie sehr trifft dieses Bild für unsere Situation heute zu! Wir stehen in einem destruktiven Prozeß der Diffamierung aller „höheren Werte“, deren Vertreter dadurch scharenweise Mitläufer finden, daß der Nachweis des Mißbrauchs von Ordnung und Autorität unterscheidungslos gleichgesetzt wird mit einem scheinbaren Nachweis der Überholtheit dieser Werte. Die Möglichkeit, bösen Mißbrauch von gutem Brauch zu unterscheiden, schränkt sich bei immer mehr Menschen ein. „Erleuchtungen“, wie sie durch die Gestirne verkörpert werden, finden immer seltener statt. Die Tag- und Nachtwelt des Geistes wird trüber; volle Einsichtigkeit findet sich in immer weniger Menschen.
Es ist der Zeit wegen nicht möglich, Ihnen die Folgen solcher Geisteshaltung, wie sie in dem Schalengericht Gottes in der Apokalypse dargestellt werden, hier in den Einzelheiten zu deuten. Schreckliches geschieht, so wird beschrieben, wenn der Menschengeist durch Abfall von Gott sich auf teuflische Bahnen begibt: Im Bild der Heuschreckenschwärme wird geschildert, daß die Menschheit dann von zerstörerischem Geist zerquält und zerstochen wird. Im Bild eines Reiterheeres wird von der Vernichtung seelischer Substanz gesprochen. Wie sehr hier von

geistiger Verführung mit Hilfe des *Wortes* gesprochen wird, macht die Aussage deutlich, daß die Kraft dieses Millionenheeres in seinen *Mäulern* zu suchen sei; aber ebenso weist die verheerende Wirkung der Schweife, die aus Schlangen bestehen, auf den Geist der Eigenmächtigkeit und der dämonisierten Sexualität hin.

Wer könnte diese Dämonie nicht für unsere Zeit heute bestätigen? So haben wir zum Beispiel einen Trend zur Vergottung sexueller Lust, mit einer Theorie, die bereits zu einem pädagogischen Programm geführt hat. Dieses Programm verhindert die seelisch-geistige Ausreifung der Kinder zu echter menschlicher Liebesfähigkeit, degradiert sie zu „Sextechnikern" – eine Haltung, die sie nicht nur schweren Sexualstörungen anheimfallen läßt, sondern die sie auch um die seelische Erfüllung ihres Lebens und ihres Auftrags, Mensch im eigentlichen Sinne zu werden, bringen kann, was ihrem geistigen Tod – und damit einer Tötung durch das dämonische Millionenheer aus dem 8. Kapitel der Apokalypse – gleichkommt.

Wir haben im Zuge unserer Heuschrecken-Ideologie aber auch eine Sanktionierung der gewalttätigen Aggression, mit der Begründung nämlich, daß die Zerstörung unseres (als „verbrecherisch" diffamierten) Systems vorangetrieben werden müsse. Wir haben unter der verschleiernden Devise einer „antiautoritären" Erziehung eine Entmachtung fast aller pädagogischen Bemühungen um eine Kultivierung der Aggression, eine Sanktionierung natürlicher elterlicher Bequemlichkeit und damit eine Aufblähung aggressiver Tendenzen unter den jüngeren Jahrgängen, die die schrankenlose Quantifikation dieses im Grunde der Selbsterhaltung dienenden Antriebs bewirkt. Feuerrot, rauchblau, schwefelgelb sind die Kennzeichen der exzentrischen Verstärkung des Triebhaften in und um uns durch diesen destruktiven Geist. Die Apokalypse sagt, daß ein Drittel aller Menschen die Opfer dieser Entfesselung und Dämonisierung von Aggressivität und Sexualität sein werden. Dabei können leidvolle Niedergänge im Einzelschicksal gemeint sein; es kann durch die Entfesselung der Aggressivität aber auch kollektiv zu einem Überborden dieses Antriebes kommen, so daß Bürgerkriege oder gar große Kriege unter den Völkern entstehen. In solchen Fällen treffen die Visionen des Johannes häufig sogar wörtlich zu – in Zeiten, in denen aus feuer-, rauch- und schwefelsprühenden Geschoßmündungen todbringende Granaten ausgespien werden.

Am Ende der Schilderung eines solchen Zerstörungswerkes durch atheistischen, hochmütig-überheblichen Geist folgt der deprimierende Passus: „Und die übrigen Leute, die nicht getötet wurden von diesen Plagen, taten nicht Buße für die Werke ihrer Hände, daß sie nicht mehr anbeteten die bösen Geister und die goldenen, silbernen, ehernen, steinernen und hölzernen Götzen, welche weder sehen noch hören noch wandeln können, und taten auch nicht Buße für ihre Morde, Zauberei, Hurerei und Dieberei."
Dies nun ist in der Tat nicht nur individuell, sondern allgemein unsere Situation heute: Wie modern ist es, die bösen, die zerstörenden Geister, den Teufel anzubeten statt Gott! Es müssen doch kaputtzukriegen sein: die Familie, die Kinder, der Leistungswille, die Religion, notfalls auch mit heimtückischer Gewalt! Und mit welcher verblendeten, uneinsichtigen, für

die Wirklichkeit gänzlich blockierten schlimm-begeisterten Gläubigkeit beten bereits Heere von Menschen den Teufel, das Tier der Apokalypse, an! Mit welch ebenso großer wie barbarischer Verblendungssucht treibt er Abend für Abend mit uns über den Fernsehschirm sein Hetzwerk des Neides und der selbstgefälligen Eigenmachbarkeit! Keiner merkt es, sagt die Apokalypse, keiner erkennt, daß bereits ein erheblicher Teil – ein Drittel der Menschen, sagt Johannes – verseucht, getötet ist; keiner zieht den Schluß, daß Buße notwendig wäre. Denn auch wir beten die goldenen und silbernen Götzen an in Gestalt des Geldes.

Nicht nur die Kapitalisten tun das, meine Damen und Herren! Jeder von uns ist in der so naheliegenden Versuchung, das Geld zu seinem Gott zu ernennen; denn noch kann man ihm mit Geschick und Fleiß nachrennen, noch kann man alles auf die eine Karte setzen: so viel wie möglich zu verdienen, zu seinem höchsten Lebensziel zu ernennen. Jeder von uns ist in der Gefahr, sich in der Welt der leblosen Dinge zu verzetteln, zwischen den Röhren, den Automaten und der Knopfdrückerei zu vergessen, wozu diese eigentlich gedacht waren: uns mehr Freiräume zu schaffen, uns das Leben zu erleichtern; nicht damit wir unsere Bequemlichkeit besser pflegen, sondern damit wir Besseres, Tieferes, Sinnvolleres mit der gewonnenen Freiheit anfangen können. Und es ist uns trotz vieler Untersuchungsergebnisse immer noch nicht gelungen, die Erkenntnis anzunehmen, daß die Morde, daß die vielen, vielen zur Springflut anschwellenden Raubtaten und Diebstahlsdelikte ganz konkret etwas zu tun haben mit der vorgegaukelten Eigensucht der Erziehenden, mit dem Mangel an Dienstbereitschaft am Leben als Haltung, eben letztlich mit dem Mangel an Religion, an religiöser Einstellung und Ausrichtung.

„Sie taten nicht Buße für die Werke ihrer Hände, daß sie nicht mehr anbeteten die bösen Geister und die goldenen, silbernen, ehernen, steinernen und hölzernen Götzen, welche weder sehen noch hören noch wandeln können, und taten auch nicht Buße für ihre Morde, Zauberei, Hurerei und Dieberei."
Diese aufgezählten Elemente sind Symbole der leblosen Materie. Stellt sich der Mensch unter ihr Primat, so verdirbt er sich selbst – sagt die Apokalypse. Mordtaten sind die Folge zuchtloser Aggressionen, Zaubereien die eines grenzüberschreitenden Machttriebes; Unzucht ist die Folge enthemmter Sexualität, und die Diebereien der Menschen entstehen durch dranghafte Habgier. Das heißt also: Wer die wertneutralen Naturtriebe nicht in den Dienst nimmt, sie nicht einspannt in die Funktion einer geistigen Gestaltung und Bewältigung dieses Seins, wer sie vergottet, der leistet ihrer Wucherung und damit der Notwendigkeit eines Gerichtes Gottes Vorschub!

Die Warnungen der Apokalypse sind weder Phrasen noch alte Geschichten, die nicht mehr für uns gelten. Wir können mit Hilfe der Psychopathologie nachweisen, daß in jedem Einzelschicksal die Gefahr droht, an den wild wuchernden Antrieben zugrundezugehen, wenn sie nicht der bewußten Bändigung, Einsicht und Zügelung unterstellt werden. Kinder, denen man aus modischer Mitläuferei niemals irgendwelche Grenzen setzt, werden immer aggressiver, werden geradezu machtgierige, herrschsüchtige, immer ihre Grenzen überschreitende Erwachsene. Jugendliche, die leichtfertig in eine polyperverse Sexualität getrieben werden, wie es superschlaue Pädagogen (zum Beispiel ein Dr. med. Korf in der Jugendzeitschrift „Bravo“) tun, machen sie sexualsüchtig und rauschgiftanfällig.

„Die Jungs in meiner Klasse wollen alle mit mir pennen“, sagte neulich eine Oberschülerin zu mir; „aber ich kann es nur, wenn ich high bin, sonst sind die mir zu eklig. Neulich habe ich folgendes geträumt: Ich gehe auf einer Straße; aber sie ist plötzlich nicht mehr fest, und ich sinke durch sie hindurch in die Hölle. Ich falle unter die Vampire, sie starren mich aus riesigen Augen und mit aufgerissenen Mäulern an. In der Mitte aber steht ein französisches Bett; da penne ich mit meinen Kumpeln.“ Und dann sagt dieses Mädchen und schluckt dabei ihre Tränen hinunter: „Eigentlich ist mein Leben ja auch eine Hölle.“

Nicht Erfüllung ihres Lebens wartet auf solche Mädchen, sondern eine zerstörte Gesundheit, eine zerstörte Seele – Apokalypse im kleinen. Eltern, die nur dem Verdienen, nur dem goldenen Götzen nachlaufen, machen ihre Kinder durch ihren Mangel an Zeit für sie zu Verwahrlosten, zu Räubern und Dieben; denn diese Jugendlichen sind seelisch Verhungerte, von Habgier getrieben, selbst wenn die Eltern Millionäre sind. Wir leichtfertigen, wissenschaftsgläubigen, hochmütigen Modernen! Wir glauben, es gäbe für uns keine Heuschreckenschwärme, keine tötenden Reiterheere; und dennoch sind sie bereits mitten unter uns mit ihrem strafenden Gericht. Denn Menschen, die die Dämonisierbarkeit ihrer Triebe nicht mehr kennen und fürchten, die meinen, der Mensch würde von selbst friedlich, ordentlich, rücksichtsvoll und liebesfähig, wenn man

ihn ohne Plan, ohne jeden Zügel läßt, überschätzen selbstherrlich ihre Kräfte.
Im Gegensatz zum Tier hat der Mensch eine kleine Spanne Freiheit über sich selbst, über seine Triebe und seine Handlungen bekommen. Nutzt er diese Freiheit nicht, um in klarem Bewußtsein seine Stellung in der Welt zu erkennen, sich selbst zu sehen als einen, der im Dienst des Schöpfers steht, als ein Eingebundener und Aufgerufener und Abhängiger in diesem Dienst, verkennt er sich illusionär als ein schrankenlos Freier, so verfällt er dem Chaos – als einzelner dem Triebchaos aus Machttrieb, Besitzgier, Sexualität und Selbstsucht, als Kollektiv der Ordnungslosigkeit und Verführbarkeit. Das ist eherne Gesetzlichkeit, unumstößliche, zeitlose Wahrheit; an vielen, vielen Fällen aus der Praxis läßt sich das beweisen. Aber kaum jemand heute wagt dergleichen mehr auszusprechen. Selbst auf dem Evangelischen Kirchentag 1969 in Stuttgart begann das Publikum in der Halle IV zu zischen, als der Name Gottes erwähnt wurde. Das ist nicht up to date – das ist angeblich reaktionär.
Was müssen wir letztlich tun? Meine Damen und Herren! Eines ist gewiß: Helfen kann uns nur Einsicht in die *tiefste* Ursache unserer Nöte, den Mangel an realitätsgerechter, das heißt religiöser Haltung. Dieser Mangel ist der Hauptnenner all unserer Bedrängnis. Auch in der Geschichte des einzelnen, in der Geschichte der Familien läßt sich *diese Sünde* – die Trennung von Gott und der Verlust der Ehrfurcht vor ihm – als die in vielen Variationen auftauchende Ursache des Unglücks nachweisen. Es gibt also auch nur *ein* Rezept für unsere Zeit, und das heißt: Buße! Um Himmelswillen, um euretwillen – tut Buße! Klagt nicht immer so unmündig und kindisch die

Gesellschaft an! Die Gesellschaft, das sind doch wir alle, wir selbst! Versteckt euch nicht hinter einem Wort, hinter einem Sündenbock! Fangt bei euch selber an! Hört mit eurer geistigen Schlampigkeit, mit der lässigen Bequemlichkeit auf! Denkt daran, daß euer Leben euch geschenkt ist von Gott, in seinem Dienst, um die Liebe in der Welt, um das Gute zu stärken, damit sein Reich auch auf Erden kommen kann! Öffnet euch ehrfürchtig nach oben, in dankbarer, eifriger Hinwendung zum Schöpfer! Und – viele der schrecklichen täglichen Probleme werden wie die Fliegen von der Decke fallen.
Eine solche Buße trägt reichste Frucht: Sie schenkt Frieden und Freude und macht unendlich lebendig; sie macht hellhörig und klar und gibt Möglichkeiten zu *echter* Kritik. Nur wenn der wissenschaftsgläubige, selbstgefällige, hochmütige Mensch heute dem Tod durch Heuschreckenschwärme ins Auge sieht, nur wenn er mit Erschrecken bereit ist, zu erkennen, wohin es bereits mit ihm gekommen ist, nur wenn er in die Knie geht, wird es möglich sein, daß nicht bereits dieses Jahrhundert zur Stunde der letzten Posaune wird.

Das Reich Gottes ist nahe herbeigekommen, meine Freunde, und es kommt jetzt unaufschiebbar darauf an, auf welche Seite Du und ich, jeder einzelne von uns, auf *welche* Seite wir uns schlagen.

Fangt bei euch selber an! Hört mit eurer geistigen Schlampigkeit, mit der lässigen Bequemlichkeit auf! Denkt daran, daß euer Leben euch geschenkt ist von Gott, in seinem Dienst, um die Liebe in der Welt, um das Gute zu stärken, damit sein Reich auch auf Erden kommen kann!

Vom verantwortlichen Leben für die Zukunft durch Lernen von den Tieren

Vortrag, gehalten aus Anlaß der Verleihung der Bölschemedaille 1974

Herr Minister, Herr Oberbürgermeister!
Meine Damen und Herren!

Zunächst möchte ich jenen „Kosmos"-Lesern danken, die mir derart intensiv ihr Ohr liehen, daß es zu der hier nun stattfindenden Ehrung gekommen ist. Die Ehrung freut mich; aber noch viel mehr bin ich über den Umstand glücklich, daß die Wahl ein Zeichen dafür ist, daß mein Rufen die *Leser* erreicht hat. Denn ich schreibe nicht um des Schreibens, erst recht nicht um des Geldverdienens willen. Seit fünfzehn Jahren[1] hat all meine Öffentlichkeitsarbeit die eine Absicht, zu informieren, wachzurütteln, um den voraussehbaren Springfluten von Unglück durch seelische Erkrankung der jungen Generation entgegenzuwirken.
Daß ein solches Informieren und Warnen nötig ist, wurde mir klar, als ich mich als Psychagogin in der freien Praxis mit der Therapie verhaltensgestörter Kinder und Jugendlicher zu beschäftigen begann. Ich bekam, vollgestopft mit dem damals an den Universitäten verfügbaren Wissen über das Kind, zusätzlich angereichert mit den Theorien aller tiefenpsychologischen Richtungen, viel Gelegenheit, in der Praxis und auch durch die Beobachtung meiner eigenen Kinder die Verifizierbarkeit des Wissensstoffes zu erproben. Dabei stellte ich bald fest, daß in allem Gelernten

[1] Inzwischen sind es 35 Jahre!

Körnchen von Wahrheit, aber auch viel überflüssiger Ballast, zum Teil auch nicht brauchbare Denkprodukte enthalten waren, und es kristallisierte sich immer mehr heraus, daß die von der Psychoanalytikerin Annemarie Dührssen systematisierte neopsychoanalytische Antriebslehre sich in der Arbeit mit Kindern weitaus am besten bewährte, sich als stimmig und praktikabel erwies.

Meine Damen und Herren, bitte erlauben Sie mir, daß ich Ihnen in einigen Sätzen den Kern dieser Erkenntnisse aufzeige, damit Sie erfassen, was daran für mich so alarmierend war und für Sie heute mehr denn je sein muß. Die Antriebslehre unterscheidet vier Neurosestrukturen, d. h. in der frühen Kindheit erworbene, mehr oder weniger starre, die Flexibilität behindernde Charakterausprägungen. Sie behauptet, daß diese auf dem Boden von Hemmungen lebenswichtiger Antriebe dann entstehen, wenn sie während der Phasen ihrer Entfaltung durch unangemessene Behandlung behindert wurden. Die Behinderung des sog. oralen Antriebs zum Beispiel führt im Erwachsenenalter zur neurotischen Depression; denn, so schreibt Annemarie Dührssen: „Frühe orale Mangelerlebnisse bringen es mit sich, daß dauernde unabgesättigte Bedürfnisspannungen bei einem Kind erhalten bleiben und Ansatzpunkte werden für unangemessen überschießende Neidreaktion oder für Hast, Gier und Ungeduld oder auch für absolute depressive Resignation.“ Diese negative Grundstimmung hat viele lebenserschwerende Folgen: fehlende Durchhaltefähigkeit, eine allgemeine Passivität aus unbewußter Mutlosigkeit, dadurch verminderte Leistungsfähigkeit, Trink – und Trunksucht, Betäubungsbedürftigkeit bahnen sie ein.

Mir wurde in meiner praktischen Arbeit sichtbar, daß diese Neurosenstruktur – sie zeigt sich in typischen Symptomen bereits im Kleinkindalter – unter den Kindern der sechziger Jahre enorm zunahm. Woran lag das? Warum kam es zu solchen Zunahmen früher oraler Mangelerlebnisse ausgerechnet im immer mehr ansteigenden Wohlstand?

Das ließ sich durch Beobachtung bald erklären: Es waren vor allem die durchgängig verwöhnten, die bereits am *Lebensanfang* verwöhnten, die ungestillten Kinder, die diese suchtartige Oralität entwickelten. Sie wurden zu Nägelkauern (heute sind es 52 Prozent der Neun- bis Zehnjährigen), zu Fettleibigen (28 Prozent unserer Grundschulkinder sind adipös), zu Kaugummikauern, zu Zigarettensüchtigen vom zwölften Lebensjahr. Und da mit zunehmendem Wohlstand und den so bequemen, das Leben erleichternden Ersatzpräparaten ab 1955 kaum eine Mutter ihre Kinder noch die ersten sieben bis neun Monate lang stillte und die allgemeine Verwöhnung von Jahrgang zu Jahrgang zunahm, konnte man, wenn die Antriebslehre und die eigene Mutmaßung, daß Verwöhnung von den Menschen als *Mangel* erlebt wird, richtig waren, voraussagen, daß eine furchtbare Plage auf die jungen Familien zukommen würde. Denn Kinder mit oralen Antriebsschäden sind nicht etwa aufgrund des eigentlich depressiven Hintergrundes traurig; sie sind höchst lästige, schwierige, unzufriedene Kinder, weil sie wie hungrige Kukkucksvögel Riesenansprüche haben, nach Sofortbefriedigung heischen, nörgelnd, mißlaunig und aggressiv ihren Angehörigen das Leben zur Hölle machen, und zwar in penetrantem Ausmaß von Jahr zu Jahr scheußlicher.

Als mir das am Beginn der sechziger Jahre klar wurde, packte mich großer Schrecken. Wie ließ sich das abwenden? Denn diese Menschen sind ja nicht nur als Kinder schwierig; sie werden aufgrund ihrer müden Passivität, ihrer Aktivitätsatrophie, wie ich das genannt habe, gar nicht erst richtig arbeitsfähig. Große Massen arbeitsunfähiger Menschen aber müssen den Fortbestand eines Kollektivs gefährden.
Nicht nur in dieser Hinsicht konnte man Schlimmes ahnen: Die Antriebslehre spricht zum zweiten von einem sog. intentionalen Antrieb, dem Trieb, sich mit Interesse der Welt zuzuwenden. Er entfaltet sich, so meinten Schultz-Hencke und Dührssen, ebenfalls bereits im Säuglingsalter. Auch er ist der Antriebslehre nach verstörbar, hemmbar, und zwar vor allem dadurch, daß – ich zitiere – „dem Kind die warme, volle und reichhaltige Zuwendung zur umgebenden Welt abgeschnitten wird und daß die positive Gestimmtheit, die das Lebensgefühl eines kleinen Kindes ausmachen sollte, in ihr Gegenteil verkehrt wird". Diese negative Gestimmtheit, so stellten die Forscher fest, wird besonders dann zum Charakterzug Interesselosigkeit, Kontakt- und Liebesunfähigkeit, wenn die Betreuung durch die Bezugspersonen des ersten Lebensjahres unzureichend blieb, was sich an Heimkindern, hospitalisierten und vernachlässigten Kindern hinreichend studieren und verifizieren ließ.
Ja, meine Damen und Herren, und bitte fühlen Sie mein Entsetzen nach, das mich packte, als ich in der Praxis greifbar sah, daß auch diese Charakterprägung selbst unter den Familienkindern in den sechziger Jahren sprungartig anzusteigen begann, meist gekoppelt mit den erstgenannten oralen Schäden. Man konnte bei unveränderter Lebensweise und ohne The-

rapie wohl erkennen, daß im Jugendalter in vielen dieser Kinder die schwerste seelische Erkrankung, die neurotische Verwahrlosung mit ihrer Symptomtrias Passivität, Bindungslosigkeit und Ordnungsfeindlichkeit manifest werden mußte. Man konnte auch im Einzelfall an den Vorgeschichten ablesen, woran das lag: Immer mehr Eltern „organisierten" harmlos und unwissend das Leben ihrer Säuglinge und Kleinkinder. Sie gaben sie einmal hierhin, einmal dorthin zur Betreuung, weil sie das erstmalig in der Geschichte der Menschheit tun konnten, ohne das Leben ihrer Babys zu gefährden, weil der Trend zur Berufstätigkeit der Familienmutter auch von kleinen Kindern, weil die Diffamierung der „Nur-Hausfrau" das Postpaketdasein der Kleinkinder zusätzlich begünstigt.

Unter dem Druck der Tatsache, daß diese Erkenntnisse an keinerlei Ausbildungsinstituten in Westdeutschland gelehrt wurden, wandte ich mich der Biologie zu. Schon in den fünfziger Jahren war mir – vor allem durch meine Besuche im Max-Planck-Institut Erich von Holsts in Wilhelmshaven, später in Seewiesen – der Gedanke gekommen, daß sich unsere so charakterprägenden frühkindlichen Hemmungen biologisch fassen lassen müßten, daß die so hoch im Kurs stehende Biologie dazu beitragen müsse, über die Kasuistik hinaus zu einer Beschreibung von Gesetzmäßigkeiten zu kommen, die in unserer wissenschaftsgläubigen Zeit mehr Durchschlagskraft zu entwickeln vermöchte. Zoo-Besuche ließen mir die oft geradezu grotesk ähnlichen Verhaltensstörungen von gefangenen Tieren und unseren Kindern sichtbar werden, und dann brachte mir das Studieren der Lorenz-Arbeiten aus den vierziger Jahren und das

Ihrer Instinktlehre, sehr verehrter Herr Professor Tinbergen, die entscheidende Einsicht: Der orale und der intentionale Antrieb der Schultz-Hencke-Schule entspricht im Säuglingsalter des Menschen noch weitgehend dem Nahrungs- und dem Bindungstrieb verschiedener höherer Tierarten! Hier gelten noch Naturgesetze. Die Gesetze der Behinderung gleichen denen gestörter Instinkthandlungen bei Tieren, und ihre Folgen lassen sich experimentell an Tieren nachweisen. So ist sowohl bei Säugetieren wie bei Menschenkindern das orale Antriebsgeschehen dadurch störbar, daß das Antriebsziel, die Entspannung durch Ersaugen, durch Erarbeiten der Nahrung nicht erreicht wird. Die Antriebsbefriedigung ist, wie die Verhaltensforscher sagen, an die „antriebsverzehrende Endhandlung“ geknüpft.
Behinderungen solcher Handlungen führen bei Tieren und Kindern zu einer Reihe typischer Verhaltensweisen. Denn da sich der Antriebsdruck mit anhaltender Behinderung erhöht, kommt es zu einer Reizschwellenerniedrigung und damit zur Antriebsentladung:

1. entweder am Ersatzobjekt oder
2. am eigenen Körper oder
3. in einer Handlung, die einem anderen Funktionskreis entstammt, oder
4. im Leerlauf.

Bei oft wiederholten und lang überdehnten Behinderungen pflegt die Reizschwelle sich wieder zu erhöhen und einer allgemeinen Inaktivität und Apathie Platz zu machen. Schon bei Säuglingen werden Triebentladungen am inadäquaten Objekt um so leichter angenommen, je niedriger die Reizschwelle ist. Ein oft hungriger oder ohne Sauganstrengung gefütterter Säugling findet leichter den Daumen, den Bettzipfel, den Schnuller, ist genötigt, suchtartige orale Ersatzbefriedigung zu vollziehen. Auch bei Tieren steigern sich Lutschtätigkeit, Lecken und andere Ersatzbefriedigungen, wenn keine genügende Möglichkeit zur Saugtätigkeit vorhanden ist. Es findet eine massive, schwere Frustration und Antriebsbehinderung statt – so erkannte ich -, wenn Säuglinge konstant mit Hilfe eines weiten Flaschensaugers ohne jede Sauganstrengung trinken müssen, wie es heute üblich ist. Bereits auf diese Weise, zusätzlich durch viele weitere Verwöhnungen die gesamte Kindheit hindurch, handeln wir uns neurotische, d. h. faule, unglücklich-gespannte, unzufriedene Menschenmassen ein, mit denen der Umgang eine Last statt eine Freude ist. Denn die in den ersten Jahren erworbenen Grundstimmungen und eingebahnten Grundhaltungen bleiben bestimmend für die gesamte spätere Charakterentwicklung!

„Aha-Erlebnisse" dieser Art hatte ich in großer Fülle, als ich die Triebbehinderungen und ihre Folgen von der Instinktlehre her zu studieren begann. So wurde mir anhand der von Konrad Lorenz entdeckten Prägungsphänomene an Entenvögeln deutlich, daß es nicht allein die Verhinderung des „Intendierens", wie Dührssen noch meint, ausmacht, daß Menschen eine so fundamentale Neurose bekommen, wenn man ihnen eine konstante, warme, liebevolle Pflegeperson vorenthält. Es liegt vielmehr daran, daß der Antrieb, mit Hilfe des Anschauens und Anlächelns die zugehörige, gewissermaßen die verantwortliche Pflegeperson kennenzulernen, sein Klassenziel nicht erreicht, und zwar vor allem deshalb, weil die *eine* Person durch die *vielen* ersetzt wird. Wie sehr hier

eine endogene Kontaktbereitschaft vorliegt, daß das frontal auf das Kind niederblickende Gesicht als ein AAM (Angeborener Auslösungsmechanismus) wirkt, hatte Spitz bereits mit seinen Attrappenversuchen erkannt.
Ich konnte daraufhin mit Hilfe der sehr ähnlichen Verhaltensstörungen von mutterlosen Affen und mutterarmen Kindern aufzeigen, daß auch der Mensch eine Prägungsphase für Mutterbindung hat – sie liegt im sog. Schaualter zwischen dem dritten und sechsten Lebensmonat – und daß charakterprägende Frustrationen zur Auswirkung kommen, wenn dem Menschenkind in dieser Phase das der Art Mensch vorgeschriebene Antriebsziel „Bezugsperson kennenlernen und sich an sie binden“ nicht erreicht wird. Nicht nur Helga Fischers mutterlos, in totaler Isolation aufgezogene Gänse, auch die Menschenkinder sind taktlos, unsozial und pseudodebil, wenn sie in die menschliche Sozietät, wie die Gänse auf den Eessee in Seewiesen, entlassen werden, und zwar höchst ähnlich kaum reversibel wie bei den Tieren!

Ich kann Ihnen wegen der Kürze meiner Redezeit hier nicht ausführlich darlegen, was ich aufgrund der Instinktlehre und der vergleichbaren Verhaltensstörungen herausfinden konnte, zum Beispiel, daß sich selbst das so sperrige Ödipusphänomen mit Hilfe einer Orientierung an Lorenz‘ Vorphase zur sexuellen Objektprägung als biologisch sinnvoll enthüllte und daß die seit Freud bekannte Tatsache, daß Perversionen und Sexualstörungen sich in der Kindheit vorbahnen, aufgrund der Gesetze der Antriebsbehinderungen sich klarer einordnen ließ. Wie brennend notwendig wäre es für die seelische Gesundheit der zukünftigen Generation, aus diesen Erkenntnissen zu lernen und statt – wohin der Trend heute geht – das Inzesttabu aufzulösen, auf seine seelisch stabilisierende Bedeutung hinzuweisen und damit vorzubeugen, daß 1990 nicht so viele junge Männer aufgrund des falsch programmierten sexualisierenden Verhaltens ihrer Mütter homosexuell sein werden! Die kleinen Jungen vertragen das nicht; ihr Inzesttabu verfestigt sich per Gegenregulation zur Abscheu vor allem Weiblichen, so daß sie im Erwachsenenalter gezwungen sind, mit dem Ersatzobjekt Mann oder anderem vorliebzunehmen.

Ich konnte aufgrund dieser Erfahrung in der Praxis und aufgrund der biologischen Zusätze also die Neurotisierung unseres Volkes, vor allem aber die neurotische Verwahrlosung als Volksseuche voraussagen. Aber keiner bemerkte das herannahende Unglück. Ich kam mir vor wie die lahme Alte, die, während das Dorf tanzt, Wetterwand und Sturmflut heraufkommen sieht und der nichts übrig bleibt, als das eigene Haus anzuzünden, um die Menschen doch noch im letzten Augenblick zu warnen. Ich habe das durch meine Öffentlichkeitsarbeit und durch das Schreiben populärwissenschaftlicher Bücher dann auch getan. Ein anständiger Tiefenpsychologe begibt sich nicht auf diese Ebene, das ist ein absolutes Tabu der Über-Ich-fernen Nachfreudianer. Gruppenangehörige, die die Spielregeln mißachten, werden automatisch zu Außenseitern – das ist ungeschriebenes, aber ehernes Gesetz bei Menschen und Tieren.

Ich ging also in die Öffentlichkeitsarbeit und sagte den Ärzten, daß sie die Mütter anders beraten müßten, und zwar bereits im Wochenbett, daß Mutter und Säugling auch dort schon zusammengehörten.

Sie schüttelten die Köpfe; sie, die Klugen, hatten dergleichen auf den Universitäten nicht gelernt. Und warum sollte man die Wöchnerinnenstationen, die sich durch die Einführung der Flaschennahrung so viel einfacher gestalteten, nun einer unsicheren Theorie wegen umändern?

Ich ging zu den Lehrern, denen ich prophezeite, daß sich aufgrund dieser Gegebenheiten schon 1970 ein enormes Absinken der Leistungsfähigkeit der Kinder zeigen würde. Ich sagte ihnen, daß sie in wenigen Jahren eine riesige Schar von Legasthenikern in den Schulen haben würden, weil nämlich intentional gestörte Kinder den Wald vor lauter Bäumen nicht mehr sehen können und weil die Ganzwortmethode sich für die in dieser Weise gestörten Kinder als die schlechtere Methode erweisen würde. Ganze Säle voller Pädagogen haben mich wegen dieser Prognose schallend ausgelacht. Heute lacht keiner mehr. Die Schreib-Lese-Schwächlinge sind Legion.

Ich bin zu den Politikern gegangen, bis nach Bonn zu einem sog. „Hearing", und habe gesagt, daß unser gesamtes liberales Staatswesen, das uns so wert, so teuer ist, vom Tisch gefegt werden wird, wenn wir eine Generation von labilen, kriminellen, süchtigen Verwahrlosten herangezogen haben werden. Ich stellte die Prognose, daß besonders die Diebstahlskriminalität durch diese kollektive Erkrankung der jungen Generation – frustrierte und verwöhnte Kinder werden nämlich habgierig – unbeherrschbar werden würde. Sie wollten es bedenken – und dabei blieb es.

Meine Damen und Herren, mir wäre es wesentlich lieber, meine Wissenschaft hätte sich nicht durch Pro-

gnostizierbarkeit als richtig erwiesen. Aber leider haben wir eine Zunahme der Diebstahlsdelikte (nur der überführten Kinder, die Dunkelziffer ist unermeßlich hoch) von 1955 bis 1970 auf Bundesebene um 728 Prozent! Mittlerweile ist es fünfzehn Jahre später geworden. Das Anzünden meines eigenen Prestige-Hauses hat nicht bewirkt, daß die Wissenschaft wach wurde, hat nicht bewirkt, daß Lehrwissen und Vorbeugen systematisch praktiziert wurden, etwa in einer gezielten Aktion durch unsere Wissenschafts-, Kultus- und Familienministerien; aber es hat bewirkt – und dafür ist mir auch dieses Ereignis heute ein erlösender Beweis -, daß viele andere, diejenigen, die noch einen gesunden Menschenverstand haben, erkennen, daß in meinen Büchern ihr Leben realitätsentsprechend beschrieben wird und daß sie mit fruchtbarer Bangnis begreifen, daß uns dieser Zeitgeist mit seinem hochmütigen Trend zum Alleinmachen, zum Bequemmachen, zum Andersmachen dazu verführte, unsere Grenzen zu überschreiten.
Institutionen, Apparaturen, Organisationen sind, auch wenn sie noch so fabelhaft funktionieren, für die Pflege und Entwicklung des Menschen nicht ausreichend. Der Mensch braucht *mehr;* er muß sich – ganz gewiß an seinem Lebensanfang – an die unumstößlichen Naturordnungen halten, die ihn geheimnisvollerweise über die konstante Nähe zu einem *Du* zu einem seelisch gesunden Menschen werden lassen, ihn also durch die Erfüllung eines allgemeinen Gesetzes zu seiner individuellen, zu seiner optimalen und seiner spezifisch menschlichen Bestimmung kommen lassen.

Die Einsicht in diese so zum Positiven *oder* zum bitter Negativen prägenden Schicksalsweichen macht uns deutlich, daß wir heute an einem *letzten* Scheideweg stehen. Entweder wir legen endlich den Meißel unseres Hochmuts aus der Hand, mit dem wir an einem selbstgebastelten Menschenbild und einer selbstgemachten Lebensform herumhämmern, entweder wir geben zu, mit dem neophilen Reformgetöse aufgrund theoretischer Modelle vom verkopften Grünen Tisch herunter am Ende zu sein, und lassen uns von der wachen, hellhörigen Beobachtung auch gerade des Einzelfalles und von den Warnungen durch psychopathologische Entwicklungen leiten – oder wir machen so töricht und überheblich weiter. Es wird dann, in wenigen Jahren schon, keine Umkehr mehr für uns geben.

Denn wenn der Mensch in den hochzivilisierten Ländern dem Rausch des Sieges über die Natur verfällt, statt von ihr zu lernen, wird sie ihn mit Krankheit, Verwahrlosung und Aussterben seiner Nachkommen schlagen. Und dann werden klügere oder gesündere Völker sein Erbe anzutreten haben.

Institutionen, Apparaturen, Organisationen sind, auch wenn sie noch so fabelhaft funktionieren, für die Pflege und Entwicklung des Menschen nicht ausreichend.

Der Mensch braucht m e h r; er muß sich – ganz gewiß an seinem Lebensanfang – an die unumstößlichen Naturordnungen halten, die ihn geheimnisvollerweise über die konstante Nähe zu einem D u zu einem seelisch gesunden Menschen werden lassen.

Vom Magdalenen-Auftrag der Frauen

Vortrag, gehalten 1974 in Dortmund

Meine lieben Zuhörerinnen!

Kann unser Thema von heute „Die Verantwortung der christlichen Frau von morgen“ Ihnen eigentlich irgend etwas bringen? Ist es wichtig, die Frau von heute auf ihre Verantwortung für die Zukunft hinzuweisen? Ist sie als Frau nicht im allgemeinen wie zu allen Zeiten auf einen relativ kleinen Wirkungskreis beschränkt, und läuft heute nicht alles in gleichen oder ähnlichen Bahnen wie früher? Sorge für einen Haushalt, eine Familie, einen Mann oder auch: Stehen und Durchhalten in einem Beruf – in der Freizeit die karitative Aufgabe der Frauenhilfe? Ist das nicht alles wie eh und je? Inwiefern sollte der christlichen Frau hier eine neue und besondere Aufgabe zuwachsen? Braucht man über dieses Thema überhaupt eine so geballte gemeinsame Besinnung, wie es dieses Treffen nun einmal möglich macht? Ist die moderne Frau nicht ohnehin einfach, topfit, aktiv, tüchtig, selbstbewußt und aufgrund unseres Wohlstandes relativ sorgenfrei?
Ach, meine lieben Zuhörerinnen, ich möchte nur zu gern wünschen, daß hinter dieser schmucken Fassade ein ebenso heiler Hintergrund stünde; dann brauchten wir uns über die besondere Notwendigkeit unserer Verantwortung für die Zukunft keine Sorgen zu machen. Aber wenn man, wie ich, als Psychagogin tätig ist, wenn man, wie ich, jeden Morgen eine Fülle von Briefen über die seelischen Nöte von Frauen ins Haus gebracht bekommt, dann erwächst aufgrund des vielen Elends das Bedürfnis, mehr Verantwortung für die Zukunft zu wecken.

Sicher, auch früher hatten die Frauen elende Nöte: mit den Seuchen, die die Kinder dahinrafften, mit der Arbeitslast in Heim und Feld, mit der Vielzahl der Geburten, mit der Sorge um das tägliche Brot. Von diesen schrecklichen Nöten ist die moderne Frau in der Tat, Gott sei Dank, zur Zeit frei. Die Nöte der Frauen heute sind ganz anders, aber nicht weniger dramatisch. Da ist die Flut der Ehenöte, da sind die besonderen Probleme der von ihren Männern geschiedenen Frauen, da ist die riesige Zunahme der Depressionen und psychosomatischen Leiden unter den älteren Frauen, die Probleme der Alleinstehenden und der Vereinsamung im Alter; da sind vor allem aber die lärmenden Nöte mit den jungen Menschen, die die Ordnung der Älteren nicht mehr akzeptieren, die Schulverweigerer, die Wegläufer, die Süchtigen, die Faulen, die elend Unordentlichen, die kriminell werdenden Söhne, die sexuell verwahrlosenden Töchter. Nöte dieser Art sind in den beiden letzten Jahrzehnten zur Springflut angewachsen und nötigen uns zu der Frage: Was wird werden, wenn die Zunahme der seelischen Störungen in der jungen Generation so weiter wächst? Was wird werden, wenn diese Kinder, deren Grundkrankheit im wesentlichen darin besteht, nicht lieben und nicht arbeiten zu können, erwachsen sind und nun dieses unser Land, unser Leben erhalten und in die Zukunft hineintragen sollen?

Diese Frage hat sehr viel mit der Verantwortung der Frauen, speziell der Mütter zu tun; denn meine Praxiserfahrung hat mich lehren können, daß diese fatalen Lebensschwierigkeiten ihre Ursache darin haben, daß unsere kleinen Kinder nicht mehr das bekommen, was sie zur Entwicklung einer gesunden Arbeits- und Liebesfähigkeit dringend brauchen: die Mühe, die

Zuwendung, die Leibnähe ihrer Mutter, das Gespräch, das Sich-Kümmern beider Eltern, bei größeren Kindern vor allem auch das des Vaters. Sie bekommen heute weniger denn je die Beständigkeit und Stetigkeit des immer gleichen Lebensraumes, der immer gleichen Bezugspersonen. Aber der Mensch ist kein Postpaket, man kann ihn nicht von Station zu Station verschieben und verschicken. Ich habe in meiner Forschungsarbeit über das Vergleichen der seelischen Störungen von Menschen und Tieren sogar die Einsicht gewinnen können, daß selbst Äffchen keine tüchtigen erwachsenen Affen, selbst Hundebabys keine tüchtigen erwachsenen Hunde werden, wenn man die Bedingungen der Brutpflege ihrer Art verändert. Auch die Art Mensch hat bestimmte, ganz festgelegte Bedingungen der Pflege in den ersten Lebensjahren. Wenn die nicht eingehalten werden, verkommt die Seele solcher Menschen; sie wird nicht kräftig und fröhlich und stark, sondern bleibt schwach, seelisch anfällig und instabil. Ich kann Ihnen in diesem Rahmen nichts über die Einzelheiten dieser Gesetze erzählen; pauschal läßt sich sagen, daß die Eltern Vorleistungen für die künftige Generation vollziehen müssen, indem sie sich nicht von den hilflosen Kindern trennen, die ihnen anvertraut sind, indem sie – um dieses unzeitgemäße Wort zu gebrauchen – Opfer bringen, die der künftigen Generation gewissermaßen als Basis, als seelischer Vorschuß dienen können.

Warum hat die junge Frauengeneration heute für diese zukunfterhaltende und lebenserfüllende Vorleistung so wenig Gespür? Dieser Frage müssen wir uns stellen, wenn wir Aussicht haben wollen, hier an einer positiven Veränderung mitzuwirken. Sie hat dieses Gespür zunächst einmal harmloserweise dadurch verloren, daß ihr auf die verschiedenste Weise sehr viel mehr Freiheit zugewachsen ist: die Möglichkeit, berufstätig zu sein, die Möglichkeit, ein Kind zwei Tage nach seiner Geburt von der Brust abzusetzen und es trotzdem körperlich gesund zu erhalten, die Möglichkeit, das Leben zu genießen mit Hilfe von Reisen, Geselligkeit, Freizeitbeschäftigungen. Die *Lebenserleichterung* brachte Befreiung, mehr Bewußtsein über Rechte als über Pflichten. Unsere veränderte Lebensweise schenkte der Frau eine Verstärkung ihres Ichs, ein Bewußtwerden all ihrer Wünsche, das gleiche Recht auf solche Wünsche, wie der Mann es früher häufig für sich allein in Anspruch genommen hatte. Das alles ist gewiß nicht schlecht, und dennoch signalisieren die modernen Nöte, daß wir Frauen die Geschenke unserer Befreiung zu berauscht, zu bedenkenlos in Anspruch genommen haben. Die zu ihrem Ich erstarkte Frau glaubt, ihr Leben so einrichten zu können, wie es diesem ihrem Ich, ihrem Suchen nach höchstmöglicher Lebenserleichterung und höchstmöglichem Lebensgenuß am meisten entspricht.

Aber mit dieser unbekümmerten Aktivität sind wir längst an eine bittere Grenze gestoßen, und zwar nicht nur die überlastete, von ihren Sorgen zermürbte Familienmutter, sondern auch die Ehefrau ohne Kinder, auch die alleinstehende, gut verdienende Berufsfrau. Denn wenn sie nur nach Orientierungsmarken dieser Art lebte, zeigten sich in vielen Fällen negative Auswirkungen solcher Einstellung: in Form von Depression, von Vereinsamung trotz hohen Lebensstandards, von psychosomatischen Leiden, von Unglück mit mißratenen Kindern. Der Leuchtturm der Lust und des Lebensgenusses als höchster

Wert trägt nicht. Er beschenkt den Menschen nicht dauerhaft mit dem Gefühl von Zufriedenheit, von Erfüllung, von Glück. Der um sein Ich kreisende Mensch – dafür ist das Großexperiment ‚Wohlstandsgesellschaft ein schlagender Beweis – geht letztlich an sich selbst vorbei, er weiß nicht mehr, daß sein Leben ein Schöpfungsauftrag ist, und das bewirkt Leere, Langeweile, Kreisen um die Gesundheit, Elend des Mißmuts und der Unzufriedenheit.
Seit der Mensch im Trend des naturwissenschaftlichen Zeitalters Gott für eine dummerjanige, altertümliche, überflüssige Idee erklären zu können meint, sich selbst stattdessen an die Stelle des Schöpfers setzt und allein um sich selbst zu kreisen anfängt, beginnt wie ein Gift, das durch alle Türritzen quillt, sich die seelische Krankheit, das permanente Unglück der Menschen, die Totalverschmutzung des Lebens, ja ihre Unfähigkeit, das Leben zu tragen und zu gestalten, abzuzeichnen.

Meine Damen – wir bewegen uns ganz folgerichtig ohne Aufenthalt auf den Untergang unseres Kollektivs zu; und wenn wir ihn jetzt noch aufhalten wollen, brauchen wir die ganz bewußte Kraftanstrengung – jeder einzelne von uns, ja gerade Ihre – als bewußt christliche Frauen.
Denn das Rezept gegen diese negative Entwicklung kann nur heißen: *Alles* auf eine Karte setzen, wie der Sucher nach der Perle, nach dem einen *richtigen* Acker, wie es in den Gleichnissen Christi heißt. Wir müssen klar sehen, daß unsere negative Entwicklung ihre Ursache darin hat, daß wir uns von Gott trennten, unser Maß verloren, ihn nicht mehr nötig zu haben glaubten, weil wir es doch so herrlich weit gebracht hatten. Das Aufhalten der Fahrt in eine falsche Rich-

tung muß mit einer grundsätzlichen Einstellungsänderung beginnen; denn unsere narzißtische, um unser eigenes Ich kreisende Fehleinstellung ist *die* Ursache all unserer Nöte heute, ist ihr Hauptnenner. Wir dürfen nicht fragen: Wie komme ich bei dieser oder jener Angelegenheit am besten weg? Wie kriege ich meine Schäfchen am besten ins Trockene? Sondern wir müssen fragen: Wie *diene* ich in meinem Leben am besten Gottes Willen, daß sein Reich der Liebe wirklich kommen kann? Wenn wir diese Neugeburt „aus Wasser und Geist" erfahren, wenn wir auf die Suche nach *dieser Perle* gehen, dann werden viele unserer Entscheidungen ganz anders ausfallen, als wir sie jetzt vollziehen: Die jungen Mütter werden dann bei ihren Kindern bleiben, weil sie mit ihrem Herzen spüren, daß die Kinder sie brauchen; die Väter werden die Jagd nach Geld und Karriere nicht an die Spitze ihres Lebens stellen und gütige, horchende Hausväter sein können; die Rentnerinnen brauchen nicht zu vereinsamen, weil es ja genug karitative Aufgaben für sie gibt; die Berufsfrauen brauchen nicht kalt zu verhärten, weil jede Begegnung mit Menschen in ihrem Beruf eine schwesterliche Aufgabe ist; die Eheleute brauchen nicht nach dem ersten Ehekrach auseinanderzulaufen, um sich „etwas Besseres" zu suchen, wenn die Liebe wider alle Vergeblichkeit als Aufgabe an der Schöpfung in ihrem Bewußtsein steht. Immer noch wartet das Heil der Welt durch die Verwirklichung der Botschaft Christi „Liebet einander!" auf uns. Für jede einzelne konkrete Situation läßt sich das nachprüfen und nachweisen.

Die christlich lebende Frau hat gerade durch dieses Bewußtsein über ihre Mitverantwortung für die

Zukunft von Gottes Schöpfungswerk sehr viel mehr Chancen, zu einem erfüllten Leben zu kommen, als jene Zeitgenossinnen, deren einziges Ziel darin besteht, modern zu sein. Modern sein heißt: agil und wendig *allein* mit dem Leben fertig werden zu wollen, die Fehlvorstellung zu haben, seines eigenen Glückes Schmied zu sein, das Leben aus eigener Kraft zu schaffen. Aber diese oberfächliche Fehlvorstellung trägt nicht durch Krisensituationen, nicht durch Unglück, Krankheit und Tod, wie jeder Mensch sie in seinem Leben zu bestehen hat. In solchen Situationen zeigt es sich, daß die topfit-Vorstellung ein jämmerliches Kartenhaus, eine oberflächliche dünne Schale ist und den Menschen angesichts von Schmerz und Leid in ein Meer von Hoffnungslosigkeit wirft. Das Unglück wird besonders für die Frau vervielfacht, wenn sie erlebt, daß sie keinen Halt hat und wie eine aus den Angeln gerissene Tür leer im Weltenraum pendelt. Denn an den Nöten, an den Krisen sollen wir ja wachgerüttelt, sollen wir geweckt werden zum Bewußtsein unserer Lebensaufgabe.
Diese Aufgabe ist für jeden einzelen von uns aufgrund der Aussagen Christi sehr einfach zu umreißen: Als Kinder Gottes in diese Welt geschickt, sollen wir uns, jeder an seinem Platz, für die Erhaltung und Steigerung von Gottes Schöpfungswerk einsetzen, sollen wir uns aktiv zur Wehr setzen gegen die zerstörerischen Feinde dieses Werkes: das Chaos und das Böse; sollen wir uns aktiv einsetzen für die Liebe, weil sich durch sie Gottes Werk vollenden kann. Die Erfüllung dieser unserer Aufgabe ist nur möglich durch eine persönliche Liebesbindung jedes einzelnen von uns an Gott, durch unseren Gehorsam ihm gegenüber, durch unsere Mitverantwortung für sein Werk. In den

Kernsätzen Christi: „Trachtet am ersten nach dem Reich Gottes und nach seiner Gerechtigkeit, so wird euch solches alles (nämlich die tägliche Bedürfnisbefriedigung) zufallen“ und: „Du sollst lieben Gott, deinen Herrn, von ganzem Herzen, von ganzer Seele und von ganzem Gemüte und deinen Nächsten wie dich selbst“ ist die Grundlage und Ausrichtung, der Sinn unseres Lebens höchst eindeutig festgelegt.

Im Hinblick auf unsere zur Zeit so dramatisch und notvoll gefährdete Zukunft läßt diese Einstellung der christlichen Frau aber auch eines deutlich werden: Durch ihr Jasagen zu einer Lebensausrichtung dieser Art als Gottes Geschöpf, durch ihr Hinlieben und -arbeiten auf den geliebten Vater Gott zu, muß sie in unserer Situation im höchsten Maße alarmiert sein. Ist ihr unsere kollektive Situation ganz bewußt, dann muß ihr klar sein, daß in unserem Lebensbereich die Trennung von Gott – und das heißt: die Sünde – so schreckliche Geschwüre hervorgerufen hat, daß wir in tiefer Besorgnis wie etwa in der Situation einer Krankenschwester am Bett eines von furchtbarer Krankheit zersetzten Leibes stehen, *neben* dem Vater, der diesen Prozeß mit tiefem Schmerz wahrnimmt. Daß Gott schon oft in der Geschichte die verfaulten Teilbereiche seiner Schöpfung untergehen ließ, weil sie seinen Gesamtplan gefährdeten, ist vielfach belegt und wird eindringlich in der Bibel geschildert!

Die christliche Frau steht in diesem Geschehen an ganz anderer Stelle als die konformistischen Mitläuferinnen der Mode: Sie bangt mit Gott um die Zukunft dieses Landes. Sie empfindet seinen Schmerz, und es reißt sie hoch, ihr Teil zu tun, sich total einzusetzen. Die Liebe zu Gott, dieses „Von *ganzem* Herzen und *ganzem* Gemüte", dieses ihr großes und weites Gefühl, mit dem die Frau so besonders begabt ist, reißt sie hinein in den Einsatz, in die leidenschaftliche Bemühung, Gott zu zeigen, daß er noch Kinder hat, die sich eins wissen mit seinem Willen, die dem Heraufkommen der Katastrophe ins Auge sehen und aus Liebe und Dankbarkeit sich mit dem Geist der Verteidigungsbereitschaft gegen die Flut wenden. Die Sandsäcke, die die Gott liebende Frau gegen die Flut des Chaos heranzuschleppen hat, sollten, um es grob zu umreißen, mit den großen Prämissen Jesu Christi gefüllt sein, wie er sie vorgelebt hat: absolutes Engagement, Liebe, Vergebung und Opferbereitschaft.

Die bewußt christlich lebende Frau hat die Möglichkeit, die so brennend aktuelle Verantwortung für die Zukunft als einen sehr persönlichen Anruf zu erkennen. Sie hat darüber hinaus die Möglichkeit, für die Nachfolge in den Frauengestalten des Neuen Testaments Vorbilder zu finden, die ihr Kraft geben, mit klarer Orientierung gegen die heutige Existenzbedrohung anzugehen.

Es gibt im Neuen Testament *drei Frauengestalten,* die uns in ihrer Beziehung zu Christus Hinweise geben können über jene Art der Einstellung von Frauen, die das Schöpfungswerk Gottes stärken und fördern können; es sind das: die Mutter Jesu, die Schwester des Lazarus und Maria Magdalena.

Den ersten Hinweis gibt uns die Antwort der Maria auf die Verkündigung des Engels, daß sie Christus gebären wird. Sie antwortet still: „Mir geschehe, wie du gesagt hast." Aus dieser Antwort, aus diesem freiwilligen Ja einer *Frau* wuchs die Erlösung der Welt!

Das Lauschen, das Hinhören, das Annehmen dessen, was uns zugemessen ist, wird damit – für alle Zeiten unumstößlich – als die Einstellung der christlichen Frau gekennzeichnet. Diese Einstellung zu dem ihr von Gott gegebenen Schicksal ist für sie auch heute noch absolut verpflichtend, wenn sie Verantwortung für die Zukunft mittragen will. Dieses „Es geschehe" kann – in klarer Weisung ist das gesagt – die *einzige* heilbringende Einstellung auch der Frauen heute sein, wenn sie erfahren, daß sie ein Kind empfangen haben. Denn nur das klare Bewußtsein der Maria: daß ich dieses Kind trage, ist Gottes Wille; dazu ja zu sagen, ist meine Aufgabe als Frau in dieser Welt, kann sich als Heil auswirken für die Zukunft des Kindes und für die Zukunft der Welt. Denn durch diese Einstellung wird das Kind in Liebe, Kraft und Demut angenommen. An dieser Stelle kann vor allem die moderne Frau, an die die Versuchung des Schwangerschaftsabbruches herantritt, klare Weisung erhalten, wie sie Gott und seinem Werk dient, und andererseits, wie sie es zu mindern und zu zerstören hilft; denn unser Bauch gehört uns eben *nicht.* Sich das vorgaukeln zu lassen, heißt immer noch den Einflüsterungen der Schlange erliegen, die der Eva sagt, daß der Mensch sein könne wie Gott und daß er Gott gar nicht mehr nötig habe.

Die beiden weiteren Anweisungen werden uns durch die Haltung der Maria in Bethanien gegeben. Es wird bei Lukas ausgesagt: Nicht die Sorge um das leibliche Wohl Christi bestimmte die Maria, sondern sie hörte ihm zu; und bei Johannes: Nicht die Verteilung der Salbe an die Armen war ihr das wichtigste, sondern die totale Hingabe an den Geist Christi, wie es im Abtrocknen seiner Füße mit ihren eigenen Haaren symbolisch ausgedrückt ist.

Damit werden für uns Stufungen hergestellt: Die christliche Frau weiß seit dieser Aussage um ihre Prioritäten: erst hören, erst horchen, erst Christus fragen, erst zu Gott beten, *dann* handeln, dann karitativ sein, dann kochen und versorgen – so muß die Devise heißen. Erst sich durchtränken mit dem Geist der Liebe (tiefenpsychologisch sind die Haare ein Symbol des Geistes) und dann erst den Armen helfen, ist das Richtige, wird hier ganz entschieden ausgesagt. Gerade die christliche Frau muß diese Weisung ganz ernst nehmen, denn es gibt heute einen verführerischen, sich supermodern gebärdenden Geist, der sagt: Sozialarbeit ist überhaupt *nur* das einzige Richtige, das einzige christliche Gebot. Gottesdienst, Besinnung, Anbetung haben wir gar nicht mehr nötig; das ist altertümlicher Unsinn. Das aber ist eine weitere Einflüsterung der alten Schlange. Längst hat unsere Zeit erfahren müssen, daß dieses abermals ein Weg der Sünde, der Abtrennung im wahrsten Sinne des Wortes ist. Denn jener Geist, der der Sozialarbeit den höchsten Rang verleihen will und der das Horchen nach oben nicht mehr braucht – so zeigt es die Verstiegenheit des Sozialstaates -, wirkt wie eine verwöhnende Mutter auf die Menschen, macht diese faul, träge, anspruchsvoll und so elend egoistisch, daß sie unentwegt nur Forderungen stellen und nicht mehr einsehen können, wozu auch Leistungen sinnvoll sind. Die Verabsolutierung der sozialen Idee macht die Menschen zu unmündigen Säuglingen, die mit ihren Riesenansprüchen zuerst die Gesellschaft und schließlich auch sich selbst ruinieren. Verantwortung für die Zukunft haben heißt, sich dem Geist der Maria aus Bethanien zu unterstellen und zu erkennen, wie, wie notwendig es ist, dem frechen Geist der Selbstüberhöhung Einhalt zu gebieten und zu begreifen, wie nur wir der Schöpfung dienen können: in der Haltung des Kniens, wie Maria es tat.

Das dritte große Vorbild für den verantwortlichen Geist der Zukunft können wir aus der Begegnung der Maria Magdalena mit Christus nach seiner Grablegung entnehmen. Hier wird ausgesagt: Die Frau, die Christus liebt, leidet schwer, unter Tränen, an seinem Fortsein, am Fehlen seines Geistes, des Geistes der Liebe in der Welt. Dieses Leiden und Suchen nach Christus bringt ihr, der Frau, als einziger und erster das Erlebnis, *ihn wiederzusehen.* Das bedeutet, daß der Frau Maria Magdalena die Aufgabe zufällt, diesen Geist wiederzufinden, wiederzuerkennen, von ihm *angesprochen* zu werden und den Auftrag zu bekommen, die große Hoffnung der Auferstehung an die Welt weitergeben zu dürfen.

Was für eine Verheißung! Warum hat die Frau bisher diesen ihren Magdalenen-Auftrag noch nicht gesehen? Wie nötig ist es heute, daß sie ihn erkennt und wahrnimmt! Nicht der Mann, nein, die christliche Frau hat kraft ihrer so engen, so emotionalen Bindung an den Geist der Liebe, der Vergebung, der Opferbereitschaft *die* große Zukunftsaufgabe, durch ihr Sein und Verkünden der elenden Welt sichtbar zu machen: Christus lebt! Es ist zwar furchtbar, daß wir dem Ungeist der Selbstsucht so viel Raum gaben; aber – wir brauchten nur umzukehren, nur zu sehen: Wir dürfen hoffen.

Lassen Sie uns eilen zu unserem so kranken Patienten Welt und lassen Sie den Geist der Mutter Maria, der Bethanien-Maria und der Maria Magdalena in brennender Liebe zu unserem, an seinem Patienten so bitter leidenden Gott in die Welt hineintragen und kundtun: *Christus,* unser Heil und unsere einzige Hoffnung, *lebt!*

Die bewußt christlich lebende Frau hat die Möglichkeit, die so brennend aktuelle Verantwortung für die Zukunft als einen sehr persönlichen Anruf zu erkennen. Sie hat darüber hinaus die Möglichkeit, für die Nachfolge in den Frauengestalten des Neuen Testaments Vorbilder zu finden, die ihr Kraft geben, mit klarer Orientierung gegen die heutige Existenzbedrohung anzugehen.

Einige Anregungen für ein CHRISTLICHES LEBENSPROGRAMM

1. Sprechen Sie wenigstens morgens, abends und vor der Mahlzeit mit Gott. Wer sich täglich im Gebet mit Gott verbindet, kann die große Freude erleben, die in der Erfüllung des Hauptgebotes liegt: Lieben Sie Gott über alles und den Nächsten wie sich selbst. (Siehe „Gotteslob", S. 17–78). Das Gebet ist das Höchste, dessen der menschliche Geist fähig ist.
   Fassen Sie Ihr Tagewerk als Anbetung Gottes und Dienst an den Menschen auf, und nehmen Sie sich auch immer wieder Zeit für die stille Anbetung. Besonders empfehlenswert ist das Rosenkranzgebet. Die Gottesmutter hat 1917 in Fatima zum täglichen Rosenkranzgebet aufgefordert.

   Die Kirche schöpft aus ihrer reichen Erfahrung, wenn sie uns eine grundsätzliche Anweisung gibt, wie wir beten sollen:
   *Wir sollen **andächtig** beten, indem wir daran denken, mit wem wir sprechen.*
   *Wir sollen **demütig** beten: Gott ist unser Schöpfer. Wir sind für uns allein nichts.*
   *Unser Gebet soll **vertrauensvoll** sein, das heißt, wir sollen in der festen Hoffnung beten, daß Gott uns auf irgendeine Weise erhört.*
   *Unser Gebet soll **gottergeben** sein, das heißt, daß wir uns ganz dem Willen Gottes fügen sollen. Gott allein weiß, was für uns gut ist.*
   *Unser Gebet muß **beharrlich** sein: Wir sollen nicht aufhören zu beten, auch wenn uns eine Erhörung nicht bewußt wird.*

2. Feiern Sie wenigstens an Sonn- und Feiertagen die heilige Messe mit; verbinden Sie sich dabei nach Möglichkeit mit Christus in der heiligen Kommunion. Bemühen Sie sich auch um eine gute Vorbereitung der Sonntagsmesse, indem Sie sich täglich wenigstens fünf Minuten Zeit für das Lesen der Heiligen Schrift nehmen.

3. Halten Sie Ihr Gewissen wach, und empfangen Sie regelmäßig das Sakrament der Buße (siehe „Gotteslob“, Seite 97–154). Wir sollten die Beichte als Christus-Begegnung und als eine echte Hilfe für die Persönlichkeitsentwicklung erfahren.

4. Entfalten Sie Ihre Fähigkeiten, und halten Sie Ihre Seele und Ihren Leib gesund. Versuchen Sie, zu einer einfachen, natürlichen Lebensweise zu finden. Mäßigkeit im Essen und Trinken sowie das Vermeiden unnötiger Hast dienen einer ausgewogenen Lebensweise. Sorgen Sie auch immer wieder für die notwendige Erholungszeit.

5. Die Geschlechtskraft eines jeden Menschen ist ein hohes Gut. Gehen Sie damit sorgsam um, denn sie kann zu einer großen Beglückung oder Belastung für ein ganzes Leben werden.

6. Halten Sie die Ehe heilig, nehmen Sie sich Zeit für die Erziehung Ihrer Kinder. Eine harmonische Ehe ist schon ein Stück Himmel auf Erden. Beide Ehepartner sollen sich darum täglich um eine gute Ehe bemühen und die Familie als Hauskirche aufbauen. Das Zentrum einer christ-

lichen Familie ist das tägliche Gebet. Die Ehe ist eine Weitergabe der Liebe Gottes zu den Menschen. Wie Gott zu den Menschen treu ist, so sollten dies auch die Ehepartner zueinander sein.

7. Achten Sie Ihre Eltern, Geschwister, Ehepartner, Mitarbeiter und Vorgesetzten. Das wird Ihnen leichter fallen, wenn Sie täglich für die Mitglieder Ihrer Familie und die Menschen an Ihrem Arbeitsplatz beten.

8. Tasten Sie das Eigentum Ihres Nächsten nicht an, auch nicht am Arbeitsplatz. Seien Sie auch in kleinen Dingen aufrichtig. Leisten Sie gute Arbeit, nehmen Sie Ihre Berufspflicht ernst. Als Verantwortlicher müssen Sie dafür sorgen, daß Ihre Mitarbeiter gerecht entlohnt und nicht ausgenutzt werden.

9. Teilen Sie mit den Notleidenden in aller Welt. In vielen Teilen der Erde fehlt es den Menschen am Lebensnotwendigsten. Jährlich verhungern Millionen unserer Mitmenschen. Es ist unsere Pflicht, im Rahmen unserer Möglichkeiten tatkräftig zu helfen.

10. Vermeiden Sie es, über Abwesende abfällig zu urteilen. Christus spricht: „Richtet nicht, damit ihr nicht gerichtet werdet!“

11. Handeln Sie als Kraftfahrer verantwortungsbewußt. Nehmen Sie sich immer wieder vor, sich nur ans Steuer zu setzen, wenn Sie es verantworten können. Meiden Sie Alkoholgenuß, wenn Sie ein Fahrzeug lenken. Tragen Sie Sorge dafür,

daß Ihr Auto ständig verkehrssicher ist. Sie sind für Ihre Mitmenschen im Straßenverkehr verantwortlich. Geben Sie als Christ in das Heckfenster Ihres Autos das Internationale SOS-Zeichen, damit man Ihnen bei einem schweren Unfall (Todesgefahr) einen Priester ruft.

12. Helfen Sie mit allen Kräften mit, die Frohbotschaft von Jesus Christus zu verbreiten. Die Worte des Evangeliums sollte man schon den Kindern ins Herz pflanzen. Die beste Predigt ist aber das eigene gute Beispiel.

13. Arbeiten Sie in Ihrer Pfarre und in der Politik gemäß Ihren Fähigkeiten mit. Wir müssen den Aufbau einer christlichen Gesellschaft mitgestalten. Vergessen wir aber nicht, daß wir wegen dieser wichtigen Aufgaben unsere Familie nicht vernachlässigen dürfen.

14. Bilden Sie sich eifrig weiter in den christlichen Glaubenswahrheiten mittels guter Bücher, Kleinschriften, Zeitungen und Zeitschriften, Teilnahme an Vorträgen und Fortbildungsveranstaltungen. Klares Wissen und ein fester Glaube verhelfen zu vorbildlicher Lebensführung.
    Verwenden Sie Ihre Freizeit für das Lesen guter Bücher und Zeitschriften und wählen Sie auch die Sendungen im Hörfunk und Fernsehen sowie die Filme im Kino kritisch und gezielt aus. Was ein Mensch liest, sieht und hört, beeinflußt ihn nachhaltig.

15. Wir dürfen unser ganzes Leben der christlichen Hoffnung unterordnen und es als Wanderschaft in das ewige Leben sehen.
    Das Leben in der christlichen Hoffnung ist ein

Leben der Zuversicht, der Gottergebenheit und frohen Erwartung - auch mitten im Leiden, trotz aller Opfer und Entsagung. Es ist das Leben des gläubigen Menschen. Ein Christ hat immer Ursache zur Freude, auch wenn ihm Kreuz und Leid nicht erspart bleiben.

Unter Mitarbeit von Theologen zusammengestellt von Karl Gruber. Die Erteilung der kirchlichen Druckerlaubnis erfolgte als nihil obstat durch das Bischöfliche Ordinariat Linz, Zahl 2051/82.